Rigobert Günther

Der Aufstand
des Spartacus

Die großen sozialen Bewegungen
der Sklaven und Freien
am Ende der römischen Republik

Dietz Verlag Berlin 1987

Reproduktionsaufnahmen:
Dietz Verlag/Renate und Horst Ewald,
Staatliche Museen zu Berlin.
Bildredaktion in Zusammenarbeit mit dem Autor:
Michael Hoffmann

Günther, Rigobert :
Der Aufstand des Spartacus :
d. großen sozialen Bewegungen d. Sklaven
u. Freien am Ende d. röm. Republik/
Rigobert Günther. — 5. Aufl. — Berlin :
Dietz Verl., 1987. — 134 S. : 55 Abb.
(Schriftenreihe Geschichte)

ISBN 3-320-00424-7

Mit 55 Abbildungen
5. Auflage 1987
© Dietz Verlag Berlin 1979
Lizenznummer 1 · LSV 0239
Lektor: Michael Hoffmann
Lektoratsmitarbeiter: Lieselotte Gruner
Reihenentwurf: Gerhard Schmidt
Umschlag: Harry Dziuba
Printed in the German Democratic Republic
Fotosatz: (140) Druckerei Neues Deutschland, Berlin
Druck- und Bindearbeit:
LVZ-Druckerei »Hermann Duncker«, Leipzig
Best.-Nr. 737 120 4

00320

Vorbemerkung

Vor mehr als 2000 Jahren erhoben sich die unterdrückten Sklaven unter der Führung des Spartacus gegen die Sklavenbesitzer in Italien. Es war eine der mächtigsten Rebellionen der Weltgeschichte. Mit diesem Aufstand gaben die Sklaven ein Symbol für ihre eigenen und für die zukünftigen Freiheitskämpfe unterdrückter Klassen. Sie verteidigten in ihrem Klassenkampf die Menschenwürde, die durch soziale Unterdrückung und Ausbeutung in den Schmutz getreten wurde. Eine Welt von Ruhm und Reichtum stand einer Welt der Armut, der Not und des Elends gegenüber. Der Glanz und der Wohlstand Roms beruhten auf der Arbeit der Sklaven und der verarmten Freien. Die Sklaven kämpften gegen eine Gesellschaftsordnung, die die Freiheit in ein Privileg der Besitzenden umgewandelt hatte und die im Sklaven nur das Produktionsmittel − ein »sprechendes Werkzeug« − sah.

Die Klassiker des Marxismus-Leninismus erkannten die große Bedeutung des Spartacusaufstandes und die außergewöhnlichen Fähigkeiten seines Anführers. Karl Marx bemerkte in seinem Brief vom 27. Februar 1861 an Friedrich Engels: »Spartacus erscheint als der famoseste Kerl, den die ganze antike Geschichte aufzuweisen hat. Großer General (kein Garibaldi), nobler Charakter, real representative[1] des antiken Proletariats.«[2]

Als einen Befreiungskampf der Unterdrückten, als einen

gerechten Krieg charakterisierte W. I. Lenin den Aufstand des Spartacus: »Wir wissen, daß die meisten Kriege dynastischer Interessen wegen geführt und dynastische Kriege genannt wurden. Zuweilen aber wurden Kriege im Interesse der Unterdrückten geführt. So hat Spartakus einen Krieg zur Verteidigung einer unterjochten Klasse geführt. Solche Kriege gab es in der Epoche der kolonialen Unterdrückung, die auch heute noch nicht zu Ende ist, in der Epoche der Sklaverei usw. Das waren gerechte Kriege...«[3]

Auf den Klassencharakter des antiken Staats wies Lenin in seiner Auseinandersetzung mit dem Renegaten Kautsky hin: »Jedermann weiß beispielsweise – und der ›Historiker‹ Kautsky weiß das ebenfalls –, daß die Aufstände oder selbst die starken Gärungen unter den Sklaven im Altertum sofort das Wesen des antiken Staates als einer *Diktatur der Sklavenhalter* offenbarten.«[4]

Auf die große geschichtliche Bedeutung des Spartacusaufstandes ging Lenin in seiner Vorlesung »Über den Staat« ein: »Übrigens ist der Name ›Spartakusleute‹, den die deutschen Kommunisten jetzt tragen, diese einzige Partei in Deutschland, die wirklich gegen das Joch des Kapitalismus kämpft, von diesen gewählt worden, weil Spartakus einer der hervorragendsten Helden eines der größten Sklavenaufstände vor ungefähr zweitausend Jahren war. Eine Reihe von Jahren hindurch war das, wie es schien, allmächtige Römische Reich, das ganz auf der Sklaverei beruhte, Erschütterungen und Schlägen ausgesetzt durch einen gewaltigen Aufstand von Sklaven, die sich bewaffnet und unter dem Kommando von Spartakus zu einer riesigen Armee zusammengeschlossen hatten.«[5]

Diese Urteile und Einschätzungen gaben die Orientierung für das, was auf den folgenden Seiten dargestellt wurde.

Der Spartacusaufstand

Wer war Spartacus?

Spartacus – welch zündender Name! In den letzten Jahrzehnten der untergehenden römischen Republik versetzte
er die herrschende Klasse der Sklavenbesitzer in Angst
und Schrecken. Bis zum Untergang der auf Sklaverei
beruhenden Gesellschaftsordnung bedeutete dieser
Name für sie eine Drohung, an die man sich nicht gern
erinnerte. Für die Sklaven aber, die sich ihre Freiheit nicht
von ihren Herren schenken lassen wollten, war der Name
»Spartacus« ein Symbol *des Kampfes* um die Freiheit, für
die sie bereit waren, ihr Leben einzusetzen. Die Erinnerung
an ihn lebte fort, auch als seine Tat längst Geschichte
geworden war. Heldenhaft kämpfte und starb Spartacus
für die Befreiung der Sklaven Italiens, »ein Mensch von
gewaltiger Willenskraft, außerordentlichem militärischem
und organisatorischem Talent, ungewöhnlichem politischem Scharfblick, feurigem Temperament und edlem
Charakter ...«[6].

Im 18. und 19. Jahrhundert begeisterte sich das anti-
feudale Bürgertum für Spartacus, ohne allerdings seine
historische Bedeutung voll zu erfassen. 1916 griff der
revolutionäre Teil der deutschen Arbeiterbewegung unter
der Führung von Karl Liebknecht und Rosa Luxemburg auf
diesen Namen zurück und erhob ihn zum Fanal des re-

volutionären Kampfes gegen den deutschen Imperialismus.

Über die Herkunft des Spartacus und über seine Taten, die zeitlich vor seiner Erhebung liegen, wissen wir nicht viel. Er war ein Thraker von Geburt, seine Heimat lag im Gebiet des heutigen Bulgarien. Im alten Thrakien gab es eine Stadt namens Spartakos; in Makedonien auf der Halbinsel Chalkidike hieß eine andere Stadt Spartolos. Der Name Spartacus kam bei den Thrakern häufiger vor, und vielleicht stand Spartacus, der Anführer der gewaltigsten Sklavenbewegung in der Antike, auch mit dem Königsgeschlecht der thrakischen Spartokiden in Verbindung, beweisen läßt sich das aber nicht.

Es ist möglich, daß Spartacus dem thrakischen Stamm der Maider angehörte, der im Gebiet des mittleren Strymonflusses lebte und 86 v. u. Z. sowie in den folgenden Jahren gegen die Römer kämpfte. In diesen Kämpfen kann Spartacus in römische Gefangenschaft geraten sein.[7]

Ebenfalls ist unsicher, ob Spartacus sogleich danach auf den Sklavenmarkt nach Rom verschleppt wurde, wie es uns der griechische Schriftsteller Plutarch überliefert, oder ob er zunächst von den Römern zu Kriegsdiensten gezwungen wurde, jedoch bald darauf »desertierte« und zusammen mit anderen mutigen thrakischen Freiheitskämpfern einen »Guerillakrieg« gegen Rom führte, ehe er in die Sklaverei der Römer geriet, wie es der römische Geschichtsschreiber Florus berichtet. Auf dem Sklavenmarkt in Rom wurde Spartacus von Gnäus Lentulus Batiatus, dem Besitzer einer Gladiatorenschule in Capua in Kampanien, gekauft. Einmal schien Spartacus, der »kühnen Mut und eine große Körperstärke besaß«[8], besonders für diese Tätigkeit geeignet zu sein, zum anderen war der Verkauf in eine Gladiatorenschule oft die Strafe für römische Soldaten, die nicht mehr länger unter römischem Befehl dienen wollten. In der Gladiatorenschule wurde er als sogenannter Thrax oder Thraex, d. h. als Kämpfer mit dem Visierhelm, kleinem Rundschild und gebogenem Dolch ausgebildet. Neben thrakischen Sklaven befanden sich in der Gladiatorenschule in Capua vor allem gallische Sklaven, die als Murmillonen in der Arena kämpften, d. h.

QVI BVS FVG NANTIBVS SIMMA CHIVS FERRᵛ ᴹ
MA TERNVS HA BILIS MISIT

ASTIANAX KALENDIO

Gladiatorenkämpfe

mit einem Helm, kurzem rechteckigem Schild, Lang-
schwert oder Lanze bewaffnet waren. Oft trieb man in den
Gladiatorenkämpfen in der Zirkusarena Sklaven dieser
beiden Gladiatorengattungen gegeneinander.

Gladiator zu sein bedeutete für einen Sklaven ein nahezu sicheres Todesurteil. In den Gladiatoren»spielen«
wurden Sklaven gegeneinander gehetzt, deren einzige
Überlebenschance darin bestand, den anderen zu besie-
gen. Kaum eine andere Form der Knechtschaft sym-
bolisierte die Unmenschlichkeit des antiken Sklavensy-
stems stärker als die Gladiatoren. In Italien hatten zuerst

die Etrusker die Sitte eingeführt, daß sich Sklaven anläßlich der Totenfeier eines Aristokraten einen Kampf auf Leben und Tod liefern mußten. Als man im 3. Jahrhundert v. u. Z. (zuerst im Jahre 264) die Gladiatorenkämpfe in Rom übernahm, fanden diese ebenfalls im Rahmen von Begräbnisfeiern statt. Seit dem 1. Jahrhundert v. u. Z. nutzte die herrschende Klasse Roms diese Art von »Volksbelustigungen«, um durch Aufpeitschung der niedrigsten Instinkte − durch »Brot und Spiele« − die städtischen Massen von politischen Forderungen abzulenken. Einige kritische Stimmen nannten diese Gladiatorenkämpfe − Schlachtfeste[9] und Mord[10], jedoch ohne damit etwas zu ändern.

Appian, ein bedeutender römischer Geschichtsschreiber, überliefert uns, daß Spartacus diese Gladiatorenkämpfe verabscheute. Man solle sein Leben lieber für die Freiheit einsetzen, als für das Auftreten in Schauspielen.[11] So überzeugte er etwa 200 Mitsklaven, den Ausbruch aus der Gladiatorenschule, in der sie der Tod erwartete, zu wagen.

Die Flucht zum Vesuv

Unsere Hauptquelle für die Geschichte des Spartacusaufstandes, die Historien des römischen Geschichtsschreibers Sallust, ist leider bis auf geringe Reste verloren gegangen. Am ausführlichsten berichten noch Plutarch in seiner Lebensbeschreibung des römischen Heerführers Marcus Crassus und Appian in seiner Darstellung über die römischen Bürgerkriege darüber. In den Einzelheiten weichen die antiken Quellen dazu noch häufig voneinander ab, so daß es schwierig ist, die Entwicklung des Aufstandes genau zu rekonstruieren.

Schon die Datierung des Aufstandes ist unsicher. Gewiß ist, daß er im Jahre 71 v. u. Z. mit dem Untergang des Spartacusheeres endete, obgleich einige Aktionen der Sklaven noch weitergeführt wurden. Aber ob der Beginn der Erhebung in den Spätsommer 74 oder 73 v. u. Z. fällt, ist umstritten. In neueren Darstellungen wird dem Jahr 73 v. u. Z. als Anfang des Aufstandes der Vorzug gegeben.

Im Spätsommer 73 v. u. Z. gelang etwa 78 Gladiatoren von den 200 Verschworenen die Flucht aus der Gladiatorenkaserne in Capua. Die restlichen wurden während des Ausbruchs von den Wächtern getötet. Die Flüchtlinge konnten sich nur mit Messern und Bratspießen bewaffnen, denn die Gladiatorenwaffen wurden stets unter strengem Verschluß aufbewahrt und erst kurz vor dem Beginn eines Kampfes in der Arena ausgegeben. Unterwegs nahmen sie auch einigen Reisenden Stöcke und Schwerter ab, um ihre noch primitive Bewaffnung zu vervollständigen. Doch gelang es den Aufständischen trotz ihrer mangelhaften Bewaffnung, eine kleinere Truppe, die sie von Capua aus verfolgte, in die Flucht zu schlagen. Die dabei erbeuteten besseren Waffen ergänzten ihre militärische Ausrüstung.

Der Ausbruch der Gladiatorensklaven aus Capua verbreitete sich wie ein Lauffeuer unter den Sklaven der umliegenden Grundbesitzungen. Schon in den ersten Tagen wurden die Flüchtigen durch Sklaven aus kampanischen landwirtschaftlichen Besitzungen verstärkt; auch freie Tagelöhner und ruinierte Bauern schlossen sich den Aufständischen an. Sie wählten als ihren Anführer Spartacus; seine beiden Stellvertreter waren keltische Sklaven, Krixos und Oinomaos, die auch wie er Gladiatoren gewesen waren.

Um die Aufständischen im Kriegsdienst zu üben und den Zulauf von Sklaven besser organisieren zu können, suchte Spartacus einen Platz, der ihnen Schutz für überraschende Angriffe römischer Heeresabteilungen bot. Dafür schien der Vesuv, der in jener Zeit als inaktiv galt, besonders geeignet zu sein. Dorthin zogen sich zunächst die Aufständischen zurück.

Rom befand sich 73 v. u. Z. außenpolitisch in einer schwierigen Lage. Ein bedeutendes römisches Heer befand sich unter der Führung von Gnäus Pompeius und Quintus Caecilius Metellus in Spanien, um den Aufstand des Sertorius zu unterdrücken. In Kleinasien tobte der 3. Mithradatische Krieg (74—67 v. u. Z.), auch dorthin hatte Rom ein starkes Heer unter den erfahrenen Heerführern Lucius Licinius Lucullus und Marcus Aurelius Cotta gesandt. Zwischen Sertorius in Spanien und dem König

Mithradates VI. von Pontos bestand sogar ein Bündnisvertrag, um gemeinsam den Krieg gegen Rom zu führen. Daher hatte Rom zu Beginn des Spartacusaufstandes nicht sogleich ein großes Heer zur Verfügung, um den Aufstand mit zahlenmäßig überlegenen und kampferfahrenen Legionen im Keime unterdrücken zu können. Auch dieser Umstand kam den Sklaven um Spartacus zugute.

Indessen glaubte man in Rom, mit den wenigen entlaufenen Sklaven ein leichtes Spiel zu haben. Es sandte unter der Führung des Proprätors Gaius Claudius Glaber eine rasch ausgehobene Truppe von 3000 Mann gegen die Scharen des Spartacus auf dem Vesuv. Claudius schloß die Sklaven auf dem Berge ein und besetzte den einzigen Zugang, der von der Ebene zum Krater führte. Damit suchte er sie von der Versorgung aus den umliegenden Dörfern und von weiterem Zulauf abschneiden und binnen kurzem aushungern zu können. Schon dort zeigte sich jedoch das militärische Talent des Spartacus. Aus wilden Reben flochten die Sklaven »Leitern von solcher Haltbarkeit und so tief hinabreichend, daß sie, oben fest angehängt, unmittelbar bis zum Boden herabreichten. An diesen stiegen sie ohne weitere Hilfe hinunter, nur einen einzigen Mann ließen sie oben. Dieser mußte um der Waffen willen noch oben bleiben. Nachdem die anderen unten angekommen waren, ließ er die Waffen herab, und als alles unten war, brachte er auch zuletzt sich selbst in Sicherheit.«[12] Im Überraschungsangriff jagte Spartacus die nichtsahnende römische Übermacht in die Flucht. Ihr Lager mit den Waffen erbeuteten die Aufständischen. »Nunmehr schlossen sich noch viele Hirten und Schäfer aus der Umgebung den Aufrührern an, kühne Leute und flink auf den Beinen, die man teils mit guten Waffen versah, teils als Kundschafter und leichte Truppen verwendete.«[13] Bald erreichte das Sklavenheer eine Größe von etwa 10 000 Mann.

Der Aufstand dehnt sich nach Süditalien aus

Nun schien die Bewegung für Rom gefährlichere Ausmaße anzunehmen, und der Senat beauftragte den Prätor

Publius Varinius, mit einem Heer stadtrömischer Kohorten die Entscheidung gegen Spartacus und seine Anhänger herbeizuführen.

Spartacus hatte dafür gesorgt, daß die Kriegsbeute gleichmäßig und gerecht verteilt wurde; dies hob seine Autorität unter den Aufständischen und ließ ihm weitere Streiter zuströmen. Mit diesen noch wenig geübten Truppen trat Spartacus in offenen Kämpfen den römischen Einheiten gegenüber. Seine Fähigkeit, die Aufständischen gut zu führen, und sein organisatorisches Talent glichen Mängel an Kriegserfahrung und an Bewaffnung aus. Alle gegen die Sklaven gesandten römischen Heeresabteilungen wurden von ihnen besiegt und in die Flucht geschlagen.

Zuerst bekam Furius, ein Legat des Varinius, der mit 3000 Mann gegen die Aufständischen vorrückte, die Schlagkraft der Sklaven zu spüren. Dann wurden die Truppen eines anderen Legaten des Prätors, des Cossinius, in die Winde zerstreut, und beinahe wurde Cossinius bei dem Orto Salinae in der Nähe von Herculanum und Pompeji gefangengenommen. Spartacus eroberte sein Lager mit allem Gepäck, und in einem folgenden Gefecht fiel Cossinius.

Der Prätor Varinius wurde ebenfalls in mehreren Kämpfen besiegt, beinahe geriet er auch in die Gefangenschaft der Aufständischen. Die Stimmung im römischen Heer war niedergeschlagen, und es verbreitete sich Mißmut, gegen die Sklaven zu kämpfen. Ein Teil der römischen Soldaten hatte sich zerstreut und war nicht mehr zur Truppe zurückgekehrt. Varinius sandte seinen Quästor, Gaius Thoranius, zur Berichterstattung nach Rom und suchte das Sklavenheer mit den ihm treu gebliebenen Resten in Stärke von 4000 Mann an weiteren Operationen zu hindern. Die Masse des Sklavenheeres muß damals noch mangelhaft bewaffnet gewesen sein, denn der römische Geschichtsschreiber Sallust berichtet, daß die Sklaven Schilde aus Weidengeflecht mit Lederüberzug und hölzerne Lanzenspitzen, die im Feuer gehärtet waren, herstellten. Den Sklaven gelang es, mit einer Kriegslist den Varinius zu täuschen und sich nachts heimlich abzusetzen. Varinius nahm die Verfolgung auf. Im Lager der Aufständischen wurde ein Kriegsrat abgehalten. Krixos war dafür, mit seinen ihm unterstellten Kelten und Germanen unverzüglich zum Angriff überzugehen, während Spartacus mit Nachdruck sich dagegen wandte. Leider ist die entsprechende Quelle, die Historien des Sallust, an dieser Stelle nur sehr bruchstückhaft überliefert. Es ist jedoch anzunehmen, daß Spartacus bereits in der Anfangsphase des Aufstandes seine Vorstellung entwickelte, die Aufständischen dadurch aus der Sklaverei zu befreien, indem er sie in ihre Herkunftsländer jenseits der Grenzen des römischen Reiches führen wollte. Aus den Bruchstücken des Textes läßt sich dieser Plan des Spartacus erschließen.

Offensichtlich gelang es Spartacus nicht, sich gegen Krixos und dessen Anhängerschar durchzusetzen. Denn nachdem Varinius erneut besiegt und in die Flucht geschlagen war, zog das Sklavenheer nicht nach Norden, sondern nach Südosten. Aus Kampanien kommend, schlug man den Weg nach Lukanien ein. Verschiedene kleinere Orte wurden von den Sklaven erobert. Entgegen den Anweisungen des Spartacus wurde der Ort Forum Anni im lukanisch-samnitischen Grenzgebiet geplündert. Während Spartacus unter den ärmeren freien Bevölkerungsschichten der Landgemeinden Verbündete suchte, machten Krixos und seine Anhänger in Erinnerung an die erlittenen Leiden unter den Freien keine Unterschiede. Damit brechen die ausführlicheren Nachrichten Sallusts über den weiteren Verlauf des Aufstandes ab.

In Lukanien verbrachten die Aufständischen den Winter von 73 zu 72 v. u. Z. Die Territorien, die zwischen Nola und Nuceria im südlichen Kampanien und Metapontum, Thurii und Consentia in Lukanien lagen, wurden in diesen Monaten von den Aufständischen verheert. Nun erkannte man auch in Rom die Gefährlichkeit der Situation und unternahm neue Anstrengungen, den Aufstand gewaltsam zu unterdrücken.

Die Erfolge des Sklavenheeres führten dazu, daß dem Spartacus noch mehr Sklaven zuströmten. Süditalien war schon seit langer Zeit ein Zentrum des römischen Großgrundbesitzes. Riesige Viehweiden bestimmten das landwirtschaftliche Bild, und es waren in erster Linie Sklavenhirten aus den Latifundien Lukaniens, die das Heer des Spartacus verstärkten. Er nutzte den Winter dazu, die militärische Organisation seines Heeres zu verbessern.

Spartacus war, wie Plutarch überliefert, ein großer und gefürchteter Mann geworden. »In seiner Gesinnung blieb er jedoch bescheiden, und da er nicht erwarten durfte, die römische Macht überwältigen zu können, so führte er sein Heer den Alpen zu, die er übersteigen zu müssen glaubte, worauf seine Anhänger in ihre Heimat gehen sollten, die einen nach Thrakien, die anderen nach Gallien.«[14]

Spartacus – der Schrecken der Sklavenbesitzer ganz Italiens

Im Frühjahr 72 v. u. Z. setzte sich das Spartacusheer nach Norden in Bewegung. Es ist umstritten, wie stark es war. Wahrscheinlich zählte es zu Jahresbeginn etwa 40 000 Mann, wovon 30 000 dem Spartacus selbst und 10 000 dem Krixos unterstanden.

»Jetzt war es nicht mehr nur das Unwürdige und das Schmachvolle dieses Aufstandes, was den Senat kränkte. Auch die Furcht und die tatsächlich vorhandene Gefahr bewog ihn, beide Konsuln ins Feld rücken zu lassen, weil man den ausgebrochenen Krieg für einen der schwierigsten und bedeutendsten ansah.«[15] Die beiden neuen Konsuln des Jahres 72 v. u. Z. waren Gnäus Cornelius Lentulus Clodianus und Lucius Gellius Poplicola. Mit vermutlich vier Legionen und weiteren zusätzlichen Truppen (etwa 30 000 Mann) rückten die römischen Heerführer gegen das Heer der Aufständischen vor. Außerdem vereinigten die beiden Konsuln ihre Truppen mit denen des Prätors Quintus Arrius.

In dieser für das Sklavenheer bedrohlichen Situation kam es unter den beiden Anführern Spartacus und Krixos – Oinomaos war schon in einem früheren Gefecht gefallen – zu Meinungsverschiedenheiten. Unterschiedliche Auffassungen waren schon früher aufgetreten, und offensichtlich hatte Spartacus durch sein Nachgeben im Herbst 73 v. u. Z. dazu beigetragen, daß die Einheit des

Heeres gewahrt blieb. Nun, da Spartacus mit seinem Plan Ernst machte, die Aufständischen nach Norden aus Italien hinauszuführen, kam es zum Bruch. Krixos trennte sich mit seiner Abteilung vom Heer des Spartacus und plünderte die Landschaften Apuliens, während Spartacus mit seinem Heer in der Nähe der adriatischen Küste Italiens über den Apennin zog. Er hatte sich auf diesen Feldzug gut vorbereitet. »... er ließ Waffen schmieden und Kriegsbedarf zusammen bringen«[16], wohl wissend, daß er mit den noch ungenügend bewaffneten Gruppen des Vorjahres konsularische Heere nicht schlagen konnte.

Krixos' Eigensinn und Abenteuerlust kamen ihm und den Seinen teuer zu stehen. Am Berge Garganus im nördlichen Teil Apuliens wurde er mit seinen gallischen und germanischen Scharen von den römischen Truppen des Konsuls Lucius Gellius und des Prätors Quintus Arrius überrascht und vernichtend geschlagen. Krixos fiel im Kampf. Nur wenige Sklaven entkamen zum Heer des Spartacus. Er veranstaltete Krixos eine würdige Totenfeier, in der 300 gefangene Römer als Gladiatoren – wie vertauscht waren nun die Rollen – auf Leben und Tod gegeneinander kämpfen mußten.

Nach diesem Sieg glaubten die römischen Heerführer, auch mit Spartacus ein leichtes Spiel zu haben. Doch jetzt zeigte sich Spartacus' glänzende Begabung, in schwierigen Situationen die Schwächen des Gegners zu erkennen, sie auszunutzen und seine Kräfte zum Sieg zu führen. Als Spartacus mit seinen Aufständischen durch die Apenninen marschierte, schnitt ihm der Konsul Gnäus Cornelius Lentulus mit seinem Heer den weiteren Weg nach Norden ab, während Gellius und Arrius ihm im Rücken folgten. Die Umzingelung des Spartacusheeres schien unvermeidlich zu sein. Da geschah das Unwahrscheinliche – Spartacus besiegte nacheinander die drei ihn bedrängenden Heere in offener Feldschlacht und trieb sie in die Flucht. Das geschah etwa in Samnium oder in Picenum. Der Weg für das Heer des Spartacus in die Provinz Gallia cisalpina (d. h. in das diesseits der Alpen liegende Gallien – die Gebiete nördlich des Apennin bis zum Alpenvorland) war frei. Die römischen Truppen zogen sich voller Unordnung wieder nach Rom zurück.

Leider sind wir bei der Schilderung dieser Schlachten nur auf die knappen, lapidaren Aufzeichnungen Plutarchs, Appians und Livius' angewiesen, da für diese Ereignisse Fragmente unserer ausführlichen Quelle, des Sallust, fehlen.

Die Siege des Spartacus erregten in Rom und in Italien gewaltiges Aufsehen. Noch im 4. Jahrhundert verglich der römische Geschichtsschreiber Eutrop den Aufstand des Spartacus mit den italischen Feldzügen Hannibals im 2. Punischen Krieg (218–201 v. u. Z.). Vielleicht dachte Spartacus auch daran, daß sich italische Bundesgenossen Roms gegen Roms Macht erheben würden, aber diese hatten erst nach dem Bundesgenossenkrieg (90–88 v. u. Z.) römisches Bürgerrecht erhalten und sahen darin die Erlangung ihres lang ersehnten politischen Zieles. Das Heer der Aufständischen wuchs dennoch weiter an: Appian gibt an, das Heer habe 120 000 Kämpfer gezählt, andere Geschichtsschreiber beziffern die Stärke des Heeres auf 60 000, 90 000 oder 100 000 Mann. Unter den Zuläufern befinden sich wieder zahlreiche Freie, aber Spartacus weist sie zurück und nimmt sie nicht in sein Heer auf. Diese verarmten italischen Bauern und Tagelöhner hat später im 4. Jahrhundert vielleicht der Redner Themistios (um 317–388) gemeint, als er sie vor allem für die Erfolge der Aufständischen verantwortlich machte: »Die Ursachen hierfür (d. h. ihrer Erfolge – R. G.) waren damals nicht so sehr die Tapferkeit dieser beiden geborenen Sklaven (d. h. Spartacus und Krixos – R. G.), sondern die verfluchten Denunzianten und mit Blut besudelten Spione, die die Italiker veranlaßt haben, statt der bestehenden jede andere Staatsordnung zu erstreben.«[17]

Spartacus hatte inzwischen mit seinem Heer die Nordgrenze Umbriens überschritten und war in die Provinz Gallia cisalpina eingerückt. Er strebte der Po-Ebene zu, da trat ihm der dortige Statthalter der Provinz, der Prokonsul Gaius Cassius Longinus, mit einem Heer von 10 000 Mann entgegen. Bei Mutina kam es zur Schlacht, in der Spartacus wieder Sieger blieb.

Was nun geschah, entzieht sich unserer genaueren Kenntnis. Obwohl nach seinem Sieg über Cassius Longinus keine weiteren römischen Truppen vor ihm standen, die ihm den Marsch nach Nordosten zum Balkan oder nach Nordwesten nach Gallien hätten noch verlegen können, zog Spartacus nicht weiter auf dem ursprünglich geplanten Weg, sondern kehrte mit seinem Heer wieder um. Wir können nur vermuten, was ihn wohl bewogen hat, seinen Plan zu ändern. Manche Historiker nehmen an, daß sich die im Spartacusheer befindlichen italischen Bauern und Tagelöhner geweigert hätten, aus Italien fortzuziehen, und daß dies Spartacus' Entschluß maßgeblich beeinflußt habe. Die Bauern hätten eigene Ziele verfolgt, die in einer Erleichterung ihrer eigenen sozialen Lage bestanden haben (Mischulin). Andere meinen, die bunte ethnische Zusammensetzung des Spartacusheeres habe die Aufständischen gespalten und eine konsequente einheitliche Führung des Aufstandes verhindert (Vogt). Die gallogermanischen Elemente im Heer hätten eine größere Entschlossenheit gezeigt, dadurch habe es insgesamt Disziplinschwierigkeiten im Heer gegeben, wodurch Spartacus, der zum Zurückweichen neigte, die Gewalt über seine Truppen verloren habe (Kovalev). Die Zwistigkeiten unter den Anführern des Heeres der Aufständischen mit ihren unterschiedlichen Ansichten über die Weiterführung des Kampfes habe Spartacus von seinem ursprünglichen Plan abgebracht (Motus-Bekker). Spartacus habe erkennen müssen, daß ihm in der Po-Ebene eine einheitliche und starke Widerstandsfront der dort noch zahlreichen freien Bauern und mittleren Grundbesitzer entgegengetreten wäre, die nicht die Aufständischen, sondern den römischen Staat unterstützten. Dort hätte er dann vor sehr schwierigen Versorgungsfragen seines Heeres gestanden (Maschkin). Spartacus habe von Beginn des Aufstandes an die Absicht gehabt, Rom als das Zentrum der Sklavereigesellschaft zu vernichten, deshalb habe er die ersten Feldzüge mit ihren Siegen vor allem dazu genutzt, sich ein starkes Heer zu verschaffen, um einen Angriff auf Rom vorbereiten zu können (Djakov). Ähnlich argumentiert auch der französische Forscher Brisson. Spartacus habe die Absicht gehabt, in Italien einen neuen Bundesgenossenkrieg zu entfesseln. Deshalb war Spartacus von Anfang an bestrebt, in Italien zu bleiben. Das Unternehmen sei jedoch gescheitert, da die Bundesgenossen nicht zu einer Erhebung gegen Rom zu bewegen gewesen waren.

Es sind also vor allem drei Konzeptionen der Historiker, die die Ursachen der, wie Appian bemerkt, eiligen Rückkehr des Spartacus nach Italien begründen:
- die Gegensätze der ethnischen Herkunft machten den Plan des Spartacus zunichte,
- die Gegensätze zwischen den Sklaven und freien Bauern im Heer der Aufständischen verhinderten die Ausführung seines Vorhabens,
- Spartacus hatte von Anfang an nicht beabsichtigt, Italien zu verlassen.

Ehe nicht neue literarische Quellen entdeckt werden, die sich ausführlicher zu den Ereignissen nach der Schlacht bei Mutina äußern, die im Herbst 72 v. u. Z. stattfand, etwa aus den Historien des Sallust oder aus dem Geschichtswerk des Livius, kann die gegenwärtige Geschichtsforschung diese Frage nicht lösen. Alle vorgetragenen Ansichten können nicht bewiesen und auch nicht überzeugend widerlegt werden. Die neuesten sowjetischen Forschungen legen Wert darauf, die soziale Bedeutung der freien Bauern und Tagelöhner im Heer des Spartacus nicht überzubewerten und stellen Differenzen unter den Anführern des Heeres der Aufständischen (nicht ethnische Gegensätze) in den Vordergrund (Štaerman).

Wie dem auch sei, das Sklavenheer zog sich etwa im Oktober 72 v. u. Z. fast auf dem gleichen Wege wieder nach Italien zurück, wie es in das cisalpinische Gallien gekommen war.

Als sich die beiden schon einmal von Spartacus geschlagenen Konsuln Gellius und Lentulus in Picenum erneut den Aufständischen entgegenstellten, wurden wieder beide Armeen in die Flucht geschlagen. Ebenso erlitt der Prätor Gnäus Manlius mit seinen Truppen gegen Spartacus eine Niederlage.

Nun stand Spartacus auf der Höhe seiner Macht. Die Hauptstadt Rom lebte in Angst und Schrecken, da man gewisse Bewegungen des Heeres dahin deutete, Spartacus wolle in der Tat gegen Rom ziehen. Der Senat befahl den beiden doppelt geschlagenen Konsuln, jede weitere Unternehmung einzustellen, alle Kampfhandlungen abzubrechen und die Truppen einem neuen Befehlshaber zu übergeben, der in Kürze bei ihnen eintreffen werde.

Aber diesen zu finden war gar nicht so einfach. Die meisten Angehörigen der römischen Nobilität liebten keine gefährlichen Kriege, in denen man Ansehen und vielleicht auch das Leben einbüßen konnte. Außerdem konnte man bei der Unterdrückung eines Sklavenaufstandes keinen großen Ruhm erwerben. Nach römischer aristokratischer Anschauung galt ein Krieg gegen aufständische Sklaven zwar als notwendig, aber als wenig würdevoll, und der Sieger erhielt später in Rom nicht den sogenannten großen Triumph, sondern nur den weniger feierlichen Einzug in Rom zu Fuß, die sogenannte Ovatio.

Bei der Wahl der neuen Prätoren, von denen einer dann den Oberbefehl im Kampf gegen Spartacus zu übernehmen hatte, zögerten daher selbst aussichtsreiche Kandidaten, sich um dieses Amt zu bewerben. Erst nach einigem Hin und Her stellte sich Marcus Licinius Crassus dafür zur Verfügung und erhielt den Oberbefehl über die verstärkten römischen Truppen mit dem Auftrag, den Aufstand des Spartacus möglichst in kürzester Frist niederzuschlagen. Crassus erhielt sechs neu aufgestellte Legionen, hinzu kamen die Reste der vier Legionen der beiden Konsuln und wieder in das Heer einberufene Veteranen, d. h. bereits entlassene Söldner. Damit bestand die römische Heeresmacht im Endkampf gegen Spartacus etwa aus 50 000 Mann.

Marcus Licinius Crassus, genannt Dives (»der Reiche«) (115−53 v. u. Z.), entstammte einer alten angesehenen patrizischen Familie. Sein Reichtum war sprichwörtlich, er galt als der reichste Mann Roms. Sein bedeutendes Vermögen hatte er sich auf unlautere Art in den Proskriptionen Sullas (römischer aristokratischer Diktator 82−79 v. u. Z.) erworben, als dieser mit blutiger Gewalt die Popularen verfolgte. Sein Vermögen nutzte er geschickt für seine politischen Zwecke. In den Jahren 70 und 55 war er Konsul, 65 Zensor und gehörte im Jahre 60 v. u. Z. zusammen mit Gaius Iulius Cäsar und Gnäus Pompeius dem 1. Triumvirat an. Das war ein Bündnis zwischen den damals drei mächtigsten Vertretern der herrschenden Klasse

Roms. Im Jahre 53 v. u. Z. fiel er im Kampf gegen die Parther in Mesopotamien in der Schlacht bei Karrhai.

Unter der Führung des Crassus ging Rom von der Abwehr zum Gegenangriff gegen die Aufständischen über. Seinem Beispiel folgend, »ließen sich auch viele Männer aus den obersten Vermögensklassen teils durch sein Ansehen, teils durch ihr freundschaftliches Verhältnis zu ihm bewegen, gleichfalls den Feldzug unter ihm mitzumachen«.[18]

Zunächst stellte Crassus die Disziplin im Heer wieder her. An der Grenze von Picenum vereinigte er seine Truppen mit den Resten der beiden konsularischen Legionen und beauftragte seinen Legaten Mummius, Spartacus mit zwei Legionen zu folgen, ohne sich aber auf einen Kampf mit ihm einzulassen. Mummius mißachtete jedoch diese Anweisung und ließ sich auf eine Schlacht mit Spartacus ein, als er annahm, eine günstige Position gegenüber diesem ausnutzen zu können. Doch das Schicksal der früheren Heerführer wiederholte sich, die zwei Legionen des Mummius wurden vollständig geschlagen. Viele römische Legionäre blieben auf dem Schlachtfeld, andere retteten sich nur unter Zurücklassung ihrer Waffen in wilder Flucht.

Crassus griff grausam durch, um die Disziplin der Truppen wiederherzustellen. Diejenige Kohorte, die zuerst sich zur Flucht gewandt hatte, ließ er dezimieren. Die decimatio war eine alte barbarische Sitte der Römer, um nach einer vermeidbaren Niederlage den Kampfgeist der Soldaten zu erneuern. Dabei wurde von einer Abteilung, die vor allem zu der Niederlage beigetragen hatte, manchmal auch von einer ganzen Legion, jeder zehnte Soldat ausgelost, und diese Unglücklichen wurden darauf hingerichtet. Plutarch bemerkt, daß Crassus nach langer Zeit wieder diese Strafe in Anwendung brachte. »Mit dieser Art der Todesstrafe ist auch noch eine große Schande verbunden, und die Hinrichtung wird vor aller Augen unter vielen schauerlichen und düsteren Zeremonien vollzogen.«[19] Nun »erschien er den Seinen furchtbarer als eine Niederlage seitens der Feinde«.[20]

Spartacus zog sich mit seinem Heer erneut nach Lukanien zurück. Dort verbrachte er wieder den Winter von 72 zu 71 v. u. Z. und ergänzte seine Ausrüstung. Dies war schwierig, da sein Unternehmen von keiner italischen Stadt unterstützt wurde, nur die Sklaven der Latifundien und ruinierte Bauern halfen und versorgten ihn. Da er über kein Belagerungsgerät verfügte, konnte er die festen Orte nicht erobern. Er setzte sich im gebirgigen Gebiet von Thurii an der Küste des Tarentinischen Meerbusen fest, und es gelang ihm sogar, diese Stadt einzunehmen. Mit Hilfe der Werkstätten dieser Stadt reorganisierte er die Ausrüstung und Bewaffnung der Aufständischen. Er ließ in den Werkstätten Waffen schmieden. Um bei seinen Aufständischen die Sehnsucht nach der Freiheit aufrechtzuerhalten und nicht das Streben nach Reichtürnern zu begünstigen, verbot er den Kaufleuten von Thurii die Einfuhr von Gold und Silber und untersagte auch seinem Heer den Besitz dieser Edelmetalle, wie dies Appian und Plinius der Ältere bezeugen. Dagegen ließ er von den Händlern Eisen und Bronze kaufen, die für die Waffenherstellung notwendig waren und zahlte dafür auch einen hohen Preis. »Hierdurch erhielt er eine große Menge von Materialien, rüstete sich aufs beste und zog häufig auf Beute aus. Bei einem nochmaligen Zusammentreffen mit den Römern schlug er diese erneut und kehrte mit reicher Beute beladen zurück.«[21] So verging der Winter, und Crassus mußte noch verschiedene Niederlagen hinnehmen.

Der Angriff des Crassus

Crassus, der von Rom außerordentliche, d. h. prokonsularische Vollmachten zur Beendigung des Krieges erhalten hatte, zweifelte an einem raschen Abschluß der Kämpfe. Er schrieb an den Senat in Rom, er möge den Gnäus Pompeius nach Beendigung der Kämpfe gegen Sertorius mit seinem Heer rasch nach Italien herbeirufen und auch den Marcus Licinius Lucullus, der mit einem Heer in Makedonien kämpfte, nach Italien zurückbeordern. Dieser stand an der makedonischen Ostgrenze in Kämpfen gegen die Thraker. Er war ein Bruder des berühmten Lucius Licinius Lucullus, der sich durch seinen Reichtum und durch seine »lukullischen« Schwelgereien, aber auch durch seine Siege gegen Mithradates VI. in Kleinasien hervorgetan hatte. Crassus gelang es, eine Abteilung des Spartacusheeres von 10 000 Mann, die sich gesondert gelagert hatte, zu vernichten. Zwei Drittel wurden im Kampf getötet, der Rest konnte zum Haupttheer fliehen.

Nun suchte Crassus eine Entscheidungsschlacht, aber Spartacus wich ihm aus und zog sich allmählich von Lukanien immer weiter nach Bruttium zurück, wobei Crassus ihm folgte und seine rückwärtigen Sicherungen bedrängte. Crassus sah sich des baldigen Sieges sicher und bereute schon, daß er den Brief an den Senat geschrieben hatte. Er wollte den Ruhm, diesen gefährlichen Aufstand, der alle Sklavenbesitzer Italiens in Schrecken versetzte, niedergeschlagen zu haben, nicht mit seinen Rivalen teilen. Spartacus dagegen befand sich mit seinem Heer in der eng auslaufenden »Stiefelspitze« Italiens in einer gefährlichen Lage. Den Rückweg nach Lukanien versperrte ihm das Heer des Crassus, der ihn außerdem nach Südwesten an die Küste der Meerenge von Messina drängte. Spartacus erkannte, daß ein Durchbruch nach Nordosten nur unter äußerst großen Verlusten möglich war, und faßte den Entschluß, sein Heer nach Sizilien überzusetzen. Sicher ging es ihm dabei nicht darum, in Sizilien ein Königreich der aufständischen Sklaven zu errichten, wie es in den beiden früheren großen sizilischen Sklavenaufständen (136–132 und 104–101 v. u. Z.) begründet worden war, sondern wahrscheinlich verfolgte er sein altes Ziel, von sizilischen Häfen aus das Sklavenheer auf Schiffen in die Heimat zu bringen. Eine Fortsetzung des Krieges von Bruttium aus hätte ein großes Risiko enthalten, da Crassus auf der Via Popilia, der einzigen Fernstraße in Bruttium (von Capua nach Rhegium), ihm nachsetzte.

Spartacus konzentrierte sein Heer an der Südspitze Bruttiums und trat mit Piraten, die mit ihren Seeräuberschiffen die Meerenge von Messina beherrschten, in Verhandlung. Sie kamen aus Kilikien, einer zerklüfteten Küstenlandschaft im Süden Kleinasiens, die an Syrien grenzt. Dort besaßen die Piraten wegen der für sie günstigen geographischen Lage zahlreiche Schlupfwinkel. Spartacus glaubte, in ihnen Verbündete zu finden, die wie seine Sklaven den römischen Staat bekämpften und von ihm

Römische Legionäre im Kampf

verfolgt wurden. Die Piraten waren außerdem kühne Seefahrer, die sich auch im Winter aufs Meer wagten. Außerdem beabsichtigte Spartacus, die in Sizilien unterjochten Sklaven zum dritten Mal zum Aufstand aufzurufen und mit ihnen sein eigenes Heer zu verstärken.

Es kam zum Vertragsabschluß zwischen Spartacus und den Piraten, die für das Übersetzen der Aufständischen eine große Geldsumme empfingen. Aber zum verabredeten Zeitpunkt fuhren die Piraten auf und davon und ließen Spartacus mit seinem Heer in Stich. Vermutlich waren die Piraten von den Römern mit einer noch höheren Geldsumme bestochen worden, daß sie die Sklaven nicht nach Sizilien transportieren. Darauf versuchte Spartacus, sein Heer auf selbstgebauten Flößen über die dort nur elf Kilometer breite Meerenge überzusetzen; doch der Versuch mißlang, da die starke Strömung in der Meerenge mit unerfahrenen Ruderern nicht zu bewältigen war. Außerdem hatte der römische Statthalter von Sizilien, der Proprätor Gaius Verres, die sizilische Küste gegenüber Italien bewachen lassen. Einen von den Aufständischen nach Sizilien gesandten Kundschafter ließ er in Messina an der Hafeneinfahrt, die auch vom italischen Festland gut einzusehen war, am Kreuz hinrichten – gewissermaßen eine Drohung an die Aufständischen jenseits der Meerenge.

Spartacus zog sich darauf wieder von der Küste zurück. Inzwischen aber hatte Crassus an einer schmalen Stelle der Halbinsel vom Tarentinischen Golf zum Thyrrenischen Meer eine Befestigung anlegen lassen, um Spartacus damit den Zugang nach Lukanien zu versperren. Dabei handelte es sich um einen Graben von je etwa $4^1/_2$ Meter Breite und Tiefe und einem dahinter befindlichen hohen und starken Erdwall. Beides zog sich von Küste zu Küste quer durch die Halbinsel. Die Lage dieses Befestigungssystems ist nicht genau festzustellen. Plutarch gibt die Länge mit 300 Stadien, d. h. mit etwa 53 Kilometer an. Trifft dies zu, dann befanden sich Wall und Graben ungefähr in der Gegend von Thurii, und sie hätten sich dann zwischen Interamnium und Caprasia zur Küste des Thyrrhenischen Meeres hingezogen. Aber diese Linie lag zu weit nördlich und schon direkt an der Grenze zu Lukanien. Es heißt aber, daß Spartacus im südlichen Teil der Halbinsel durch das sogenannte Befestigungswerk eingeschnürt wurde. Da liegt es, was schon H. Nissen erkannte[22], viel näher, die Befestigungslinie in der bruttischen Landenge von Scolacium zu vermuten. Dort befindet sich die schmalste Stelle der Halbinsel, etwa 30 Kilometer breit.

»Drei Jahre hatte schon dieser anfangs von den Römern als ein Gladiatorenkampf verlachte und verachtete, nun aber gefürchtete Krieg gedauert.«[23] Und nun ging er seinem Ende zu. Blockiert und eingekesselt von einer starken römischen Armee, deren Führer danach strebte, noch vor dem Eintreffen der Heere des Pompeius und Lucullus den Krieg zu beenden, konnte Spartacus im voraus berechnen, wann seine Vorräte zu Ende gingen und das Sklavenheer vor Hunger und Entkräftung eine leichte Beute des schon triumphierenden Siegers werden würde. Um aus dieser Sackgasse herauszukommen, half nur eins:

das Sklavenheer mußte sich an einer Stelle der Befestigungsanlage konzentrieren, um dann möglichst im überraschenden Angriff den Durchbruch zu wagen. So geschah es auch. Aber der Überraschungseffekt mißlang, und einige Male rannte das Spartacusheer vergeblich und unter großen Verlusten gegen Wall und Graben an. Mehrere tausend Aufständische fanden dabei den Tod. Um die Römer über die von ihm ausersehene Durchbruchsstelle im Unklaren zu lassen, griff Spartacus mit einzelnen Heeresabteilungen an verschiedenen Stellen an, überfiel die Belagerer, ließ Holzbündel in den Graben werfen und anzünden und täuschte Angriffe vor. Er machte den Seinigen ihre Lage klar und hielt ihnen vor Augen, was sie erwartete, wenn sie unterliegen würden. Spartacus bemühte sich sogar, mit Crassus zu Verhandlungen zu kommen, wir wissen nicht, welches Ziel Spartacus damit verfolgte, doch Crassus lehnte jede Verhandlung mit ihm ab.

Nun warf sich Spartacus mit seinem ganzen Heer in einer stürmischen Nacht mit voller Wucht gegen die Verschanzungen, nachdem er den Graben mit Erde und Baumstämmen, mit Leichen und totem Vieh auffüllen ließ. Mit einem Drittel des ihm noch verbliebenen Heeres gelang ihm der Durchbruch nach Lukanien. Der Blockadering war gesprengt worden.

Wieder verfolgte ihn aber Crassus und schnitt ihm den Weg nach Mittelitalien ab, da er fürchtete, Spartacus könnte mit seinem Heer durch Kampanien und Latium nach Rom marschieren. Doch Spartacus hatte andere Absichten. Er plante, durch Lukanien nach Kalabrien zu ziehen, den Hafen von Brundisium zu erreichen, um von dort noch einmal seine alte Absicht zu verwirklichen, die Reste des Sklavenheeres auf Schiffen nach Griechenland überzusetzen und damit doch noch in die Heimat zu führen. Je mächtiger die Römer in diesem letzten Feldzug wurden und den Aufstand im Blute zu ersticken drohten, desto deutlicher sah er die Verwirklichung seines Planes als letzte Rettung. Dazu war Eile geboten; denn von Norden drohte bereits die in Eilmärschen herankommende Armee des Pompeius, und es konnte auch nicht mehr lange dauern, bis Lucullus mit seinen Truppen aus

Der Hafen von Brundisium

Makedonien in Brundisium landete. Unter diesen Umständen erkannte Spartacus, daß er sich mit seinen Aufständischen wohl kaum noch ein weiteres Jahr in Italien halten konnte.

Doch diese Erkenntnis hatte sich bei einem Teil seiner Unterführer nicht durchgesetzt. Wieder zeigten sich Disziplinschwierigkeiten im Heer. Einige Kommandeure der Aufständischen, unter ihnen Gaius Gannicus und Castus, ließen sich durch den erfolgreichen Durchbruch aus Bruttium über ihre vermeintliche Stärke täuschen und verlangten von Spartacus, in Italien zu bleiben und dort weitere Feldzüge zu führen. Spartacus blieb jetzt jedoch bei seinem Vorhaben, und darauf trennte sich abermals ein Teil des Sklavenheeres von ihm.

Darauf hatte Crassus nur gewartet. Er verfolgte die Heeresabteilung, die sich von Spartacus getrennt hatte, und als sie sich am Lukanischen See niederließ und dort ein Lager aufschlug, überfiel Crassus diese Schar und jagte sie in die Flucht. Nur das rasche Eingreifen des Hauptheeres unter Spartacus, der die Truppenbewegungen des Crassus aufmerksam verfolgt hatte, rettete die Aufständischen unter Castus und Gannicus vor der Vernichtung.

Doch diese kamen dadurch nicht zur Einsicht, trennten sich wiederum vom Haupttheer und zogen in ihr Verderben. Castus und Gannicus bewegten sich mit ihren Abteilungen durch das nordwestliche Lukanien in Richtung auf Kampanien zu. In der Umgebung von Paestum kam es zu einem erneuten Zusammentreffen mit dem Heer des Crassus. Dieser schickte »6000 Mann zur rechtzeitigen Besetzung eines Hügels ab mit dem Auftrag, sich möglichst verborgen zu halten. Die Soldaten versuchten auch jede Entdeckung zu vermeiden, indem sie ihre Helme verhüllten; aber dennoch wurden sie von zwei Frauen gesehen, die zufällig vor dem feindlichen Lager opferten. Sie wären in große Gefahr geraten, wenn nicht Crassus rasch erschienen wäre, worauf sich die hitzigste aller bisherigen Schlachten entspann. Dabei fielen auf seiten der Feinde (d. h. der Sklaven – R. G.) 12300 Mann.«[24] Nach anderen Quellen sollen in diesem Kampf sogar 30000 oder 35000 Sklaven umgekommen sein. Ein Teil der Reiterei des Crassus hatte eine Flucht vorgetäuscht; als die schon siegesgewissen Aufständischen ihr nachdrängten, wurden sie vom Crassusheer umringt. Das gesamte Teilheer der Aufständischen wurde von den Römern niedergemetzelt. »Man fand aber unter allen nur zwei Tote mit Wunden auf dem Rücken vor. Alle anderen waren in der Schlachtordnung stehend und mit den Römern kämpfend gefallen,«[25] hebt Plutarch anerkennend hervor. Nach diesem Sieg gewannen die Römer 5 Legionsadler, 26 Feldzeichen und 5 Fascens mit den Beilen wieder zurück.[26] Fasces nannten die Römer Rutenbündel, in denen Beile steckten; sie waren das Symbol der Amtsgewalt, das den römischen Magistraten von besonderen Amtsdienern, den Liktoren, vorangetragen wurde.

Diese Niederlage der Sklaven wog für Spartacus sehr schwer. Ein bedeutender und gut ausgerüsteter Teil seines Heeres war vernichtet worden, während das Heer des Crassus ihm entgegenzog. Um seine Kräfte zu sammeln, zog sich Spartacus wieder in die Berge des nördlichen Bruttium, in die Gegend von Petelia (nördlich von Croton), zurück. Crassus blieb mit seinem Haupttheer in Lukanien stehen und ließ das Spartacusheer mit Truppen seines Legaten Lucius Quinctius und seines Quästors Tremellius

Liktoren

Scrofa verfolgen und beobachten. Spartacus tat so, als beachte er diese Verfolgung nicht. Plötzlich kehrte er mit seinem Heere um, stellte es überraschend schnell in Schlachtordnung auf und schlug die Römer »in eine so gewaltige Flucht, daß kaum noch eine Rettung möglich war, nachdem sie ihren verwundeten Quästor herausgerissen hatten«.[27]

Aber lange konnte der Kampf nicht mehr dauern. Pompeius war mit seinen kampferfahrenen Legionen in Norditalien angelangt, und der römische Senat ernannte ihn neben Crassus zum zweiten Oberbefehlshaber der römischen Streitkräfte im Kampf gegen Spartacus, da der Senat Crassus die Schuld gab, daß der Krieg gegen die Sklaven schon so lange dauerte. Crassus drängte in dieser Situation auf die Entscheidungsschlacht, die er ohne Pompeius ausfechten wollte. Zudem stand das Eintreffen des Marcus Lucullus in Brundisium kurz bevor.

Spartacus gelang es, mit seinem Heer an den Verbänden des Crassus vorbeizuziehen und war wieder auf dem Weg nach Apulien, um dem Lucullus in Brundisium noch zuvorzukommen und Italien zu verlassen. Da erfuhr er, daß Lucullus in Brundisium gelandet sei. Nun gab es für Spartacus nur eine kaum zu realisierende Möglichkeit, das Heer des Crassus in einer Entscheidungsschlacht vernichtend zu schlagen, ehe die Vereinigung der drei Heere vor sich gegangen war. Auch die Aufständischen selbst, so berichtet Plutarch, forderten von ihm die Entscheidungsschlacht, die allerdings auch ganz im Sinne des Crassus war. »Gegen die Römer!« — war der Schlachtruf der Sklaven, während Spartacus bereits ahnte, daß ihm und seinem Heer der letzte Kampf bevorstand.

Im Grenzgebiet zwischen Lukanien und Apulien lagerten die Heere des Crassus und des Spartacus dicht nebeneinander. Crassus schlug sein Lager in der Nähe des Spartacusheeres auf, um ihn nicht wieder aus den Augen zu verlieren. »Er ließ einen Graben ziehen, gegen den die Sklaven anliefen, um die schanzenden römischen Soldaten anzugreifen. Von beiden Seiten verstärkte sich die Masse immer mehr, so daß Spartacus sich in die Notwendigkeit versetzt sah, seine ganze Armee in Schlachtordnung einrücken zu lassen.«[28]

Zu Beginn der letzten Schlacht soll Spartacus, so berichtet Plutarch, sein Pferd getötet haben, wenn er Sieger bleibe, so habe er gesagt, so werde er viele schöne Pferde von den Feinden erbeuten, verliere er aber die Schlacht, so brauche er kein Pferd mehr. Aber wahrscheinlich ist diese Anekdote legendenhaft ausgeschmückt.

Es war eine ungemein heftige Schlacht, die lange Zeit hin und her wogte, bis sich die Waage des Erfolges auf die Seite der Römer zu neigen begann. Die Sklaven kämpften mit dem Mut der Verzweiflung. Spartacus stürzte sich ins dichteste Kampfgetümmel und suchte zu Crassus selbst vorzudringen. Er hoffte, ihn im Zweikampf zu töten, und dadurch vielleicht eine Schlachtentscheidung zugunsten der Aufständischen herbeizuführen. Zwei Zenturionen, die sich ihm entgegenstellten, tötete er im Kampf. Da wurde Spartacus von einem Speer am Schenkel verwundet. Er verteidigte sich weiter, indem er sich auf das Knie stützte, hielt seinen Schild vor und kämpfte solange gegen die andrängenden Feinde, »bis er selbst und um ihn eine große Menge der Scinigen, von den Feinden umringt, getötet wurden. Das übrige Heer wurde, schon in Unordnung geraten, scharenweise niedergehauen, so daß eine unzählige Menge, von den Römern aber gegen 1000 Mann umkamen und Spartacus' Leichnam nicht gefunden werden konnte.«[29] Etwa 60 000 Sklaven fanden nach der Zahlenangabe bei Livius[30] in dieser Schlacht den Tod.

Einmütig berichten alle antiken Autoren vom heldenhaften Kampf und Untergang der Sklaven. Auch wenn sie sonst die Meinungen der herrschenden Klasse wiedergaben – das konnten sie nicht verheimlichen. Zu tief hatte sich der Schrecken bis zum Untergang der römischen Sklavereigesellschaft in das Bewußtsein der römischen Sklavenbesitzer vertieft. Noch im 5. Jahrhundert, kurz vor dem Untergang Westroms, war die Erinnerung an Spartacus nicht verblaßt.

3000 römische Bürger, die als Gefangene im Lager des Spartacus lebten, wurden von Crassus befreit.

Auch Plutarch berichtet davon, daß Spartacus zuletzt von der Übermacht der Römer umzingelt und trotz seines tapferen Widerstandes getötet wurde. Der römische Geschichtsschreiber Florus bestätigt diese Überlieferung.

»Nachdem die Sklaven einen Ausfall gemacht hatten, starben sie eines Todes, der tapferer Menschen würdig ist, indem sie auf Leben und Tod kämpften, was sich in einem Heer unter der Führung eines Gladiators von selbst verstand. Spartacus selbst, der mit erstaunlichem Mut in der vordersten Reihe kämpfte, fiel wie es sich für einen großen Feldherrn geziemte (quasi imperator).«[31] Über den heldenhaften Tod des Spartacus gab es in der Antike nie einen Zweifel.

Der letzte Kampf des Spartacus

Im Jahre 1927 machten italienische Ausgräber in der durch den Vesuvausbruch des Jahres 79 u. Z. verschütteten Stadt Pompeji (bei Neapel) eine interessante Entdeckung. Auf einer Hauswand fanden sie leider nur schlecht erhaltene Reste eines Wandgemäldes, das eine Kampfhandlung darstellt. Ein Reiter verfolgt einen anderen Reiter, der einen Rundschild und Helm trägt und verwundet ihn mit dem Stich einer langen Stoßlanze im rechten Oberschenkel. Die große Neuigkeit war aber die Inschrift über den kämpfenden Reitern, die in oskischer Schrift abgefaßt ist. Über dem verwundeten Reiter ist der Name zu lesen SPARTAKS (d. h. Spartacus – R. G.), über dem lanzenbewehrten Reiter steht PHELI ... ANS. Die Inschrift ist nur fragmentarisch erhalten und wird als Phelics Pompaians, d. h. Felix aus Pompeji gedeutet. Rechts von dieser Reitergruppe ist noch ein Trompetenbläser erkennbar. An der linken Seite des Bildes sind nur

Rekonstruktionsversuche des Forum Romanum
und des Trajansforum

Bewaffneter Gladiator

Römische Gladiatorenausrüstung,
bestehend aus Schild, Arm- und Beinschienen, Helmen

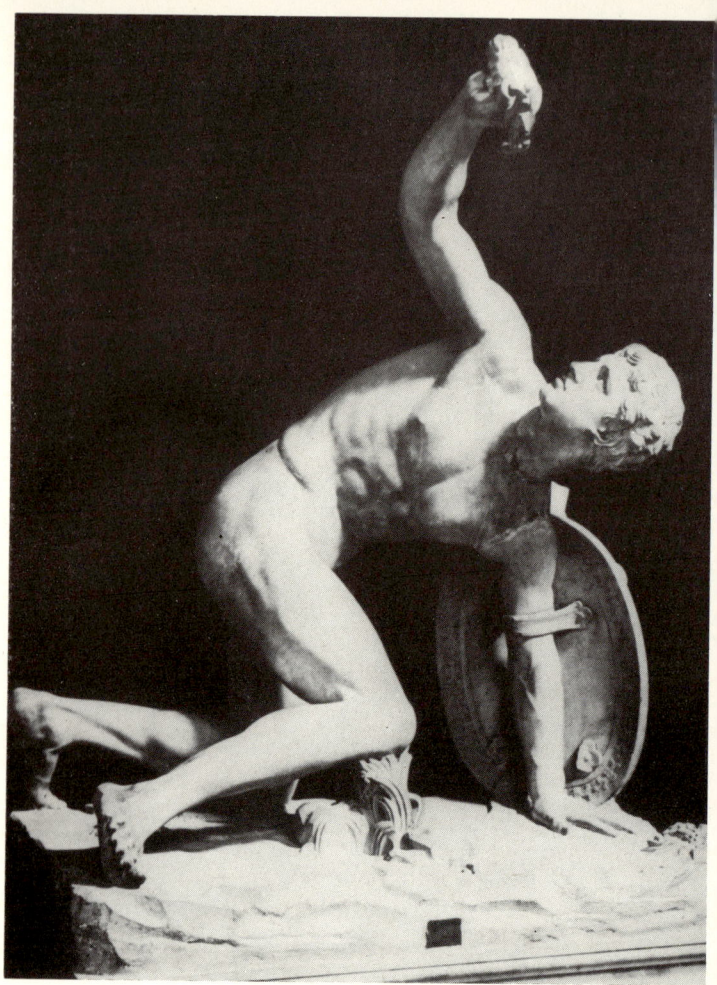

Kämpfender Gladiator

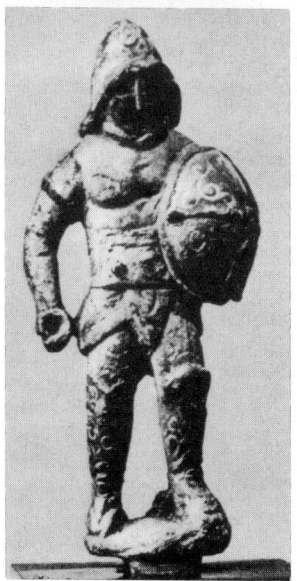

Gerüstete Gladiatoren

Mosaikdarstellungen kämpfender Gladiatoren

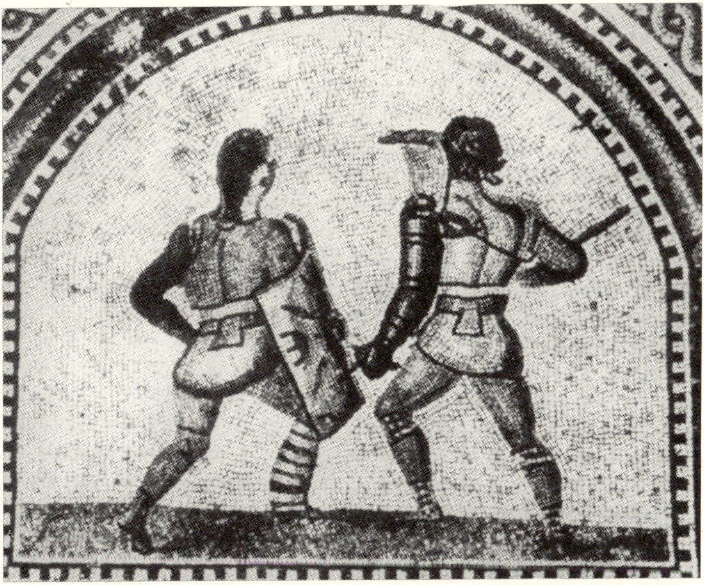

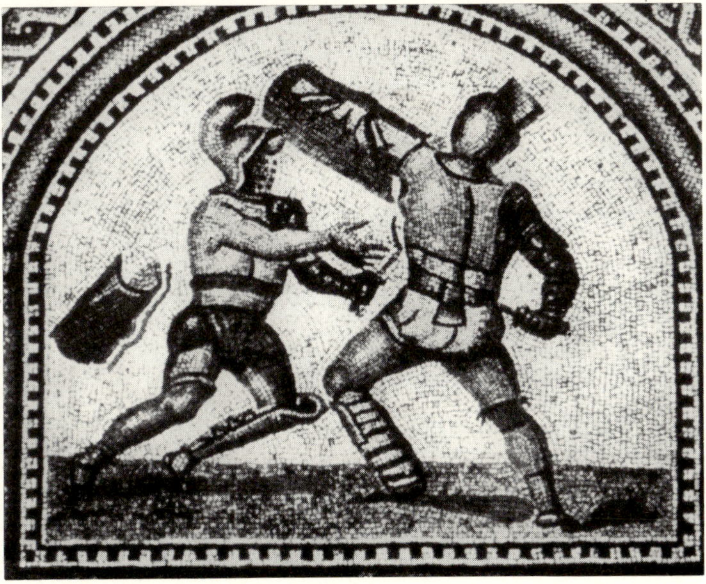

Mosaikdarstellungen von Gladiatoren
im Kampf mit wilden Tieren

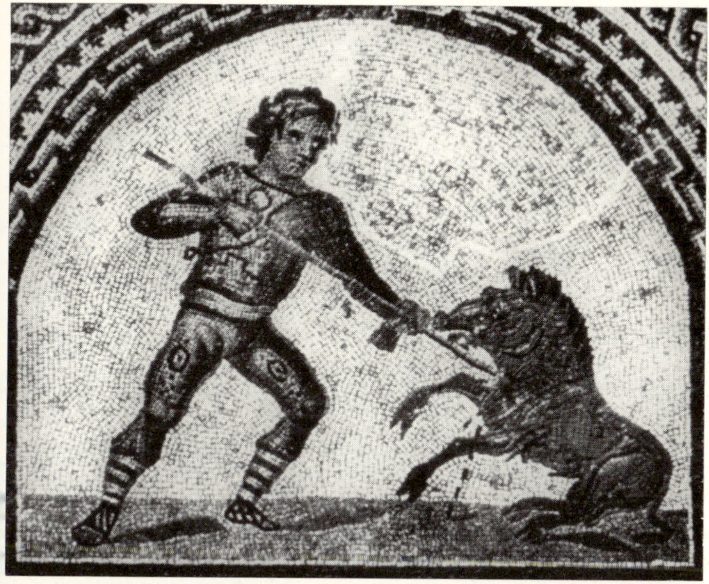

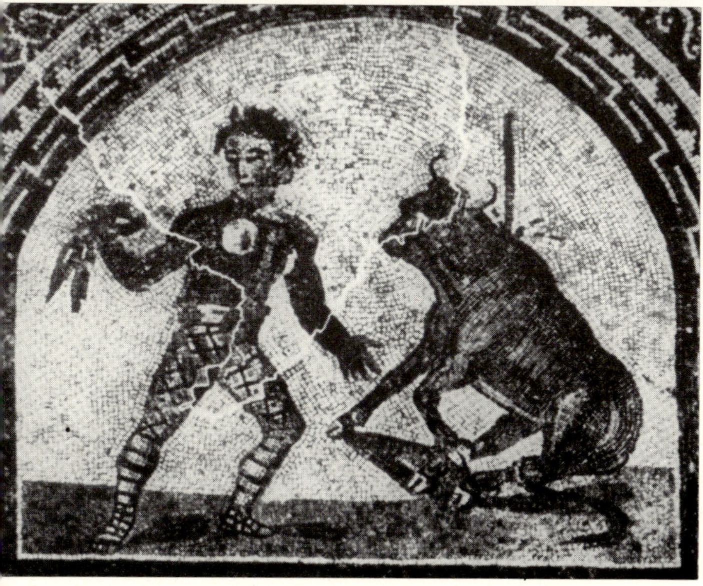

Römischer Legionär

Römische Legionäre
überfallen ein germanisches Dorf

Gefesselte Sklaven

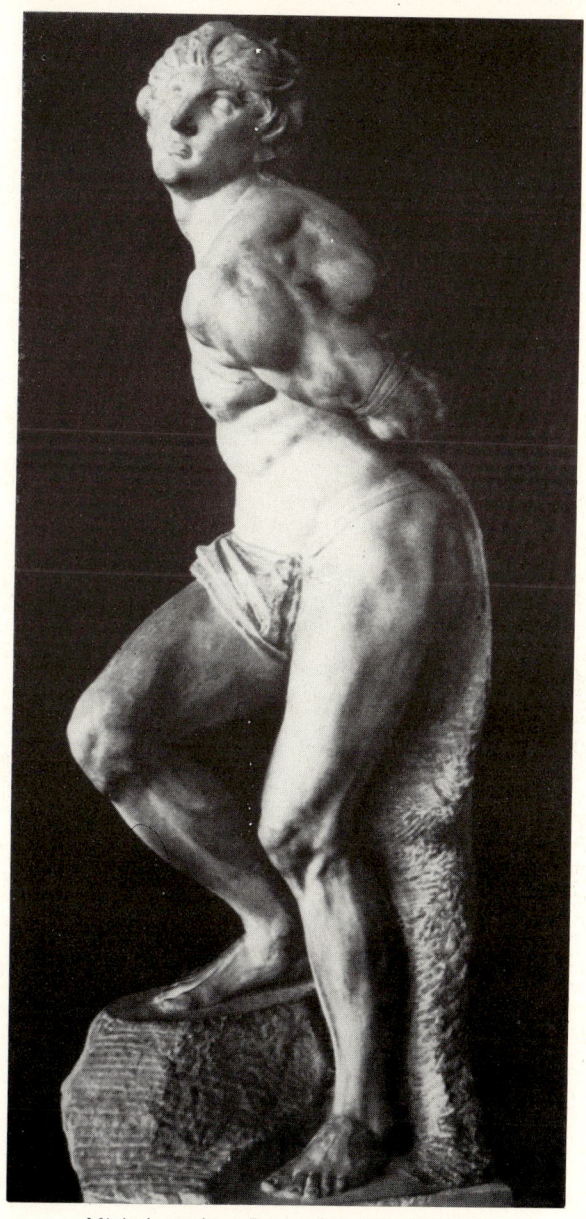

Michelangelo: »Der gefesselte Sklave«

Blick auf den Vesuv

Das Amphitheater in Capua

Das Colosseum

Die Via Appia

schwer erkennbare und schlecht erhaltene Überreste einer weiteren Darstellung zu sehen.

Der sowjetische Althistoriker A. W. Mischulin interpretiert dieses Bildfragment folgendermaßen: »Die zweite Szene auf der linken Seite des Bildes gibt unserer Ansicht nach die zweite Phase des Kampfes wieder. Leider ist die Inschrift auf diesem Teil des Bildes nicht erhalten geblieben und auch nicht zu rekonstruieren. Im Hintergrund der Szene sieht man einen Krieger. Dieser Teil des Gemäldes ist sehr schlecht erhalten. Dennoch können wir zwei Dinge ganz klar erkennen: erstens trägt der Krieger im Hintergrund des Bildes keinen Helm, offenbar weil er ihm im Handgemenge heruntergeschlagen wurde und verlorenging. Folglich gehört dieser Krieger der besiegten Partei an. Zweitens ist die Haltung des Kriegers sehr unnatürlich, was uns zu der Annahme veranlaßt, daß der Krieger am Schenkel oder Bein verwundet ist und in sehr schwieriger Lage gegen den Feind kämpfen muß.

Dieses Detail legt von Anfang an den Gedanken nahe, daß diese zweite Szene Spartacus kurz vor seinem Tode darstellt. Im Vordergrund der Szene hebt sich die mächtige Gestalt eines helmbedeckten römischen Legionärs ab, der auf ihn eindringt. Wahrscheinlich ist Spartacus durch einen Schwertstreich des Legionärs getroffen worden; kniend wehrt er seine Feinde weiterhin ab.

Somit setzt sich das ganze Bild aus zwei Szenen zusammen, die den letzten Kampf des Spartacus schildern. Die Darstellung stimmt völlig mit den Angaben Appians überein. Seine Version vom Tode des Spartacus war wohl die vorherrschende, weshalb auch das Bild nach ihr gestaltet wurde.«[32]

Höchstwahrscheinlich stellt das Gemälde mit dem lanzenbewaffneten Reiter den Hausherrn dar, der Spartacus mit der Lanze verwundet hat. Felix aus Pompeji hatte an dieser Schlacht teilgenommen. Seine Tat ließ er auf dem Wandgemälde verewigen. Dem entspricht auch das von den Archäologen ermittelte Alter des Hauses und des Wandgemäldes. Beides gehört etwa in die Mitte des 1. Jahrhunderts v. u. Z. Daher gibt das Bild auch Auskunft über den Tod des Spartacus. Er kämpfte zunächst zu Pferde, wurde dann verwundet, gab sein Pferd auf, worauf vielleicht die von Plutarch überlieferte Anekdote anspielt. Dann kämpfte er kniend weiter, bis er den Tod fand.

Einigen Tausenden des Spartacusheeres gelang es jedoch, in der Endphase der Schlacht zu fliehen. Ein recht großer Teil entkam in die umliegenden Berge. Crassus verfolgte die Flüchtenden, die sich in vier Abteilungen gegliedert hatten. Sie wehrten sich gegen die Übermacht des Crassusheeres so lange, bis die meisten gefallen waren.

Nachdem Spartacus gefallen war, gelang etwa 6000 Sklaven der Durchbruch durch die feindlichen Schlachtreihen und die Flucht nach Norden. Aber sie kamen nicht mehr weit. Wahrscheinlich in Kampanien liefen sie der Armee des Pompeius geradewegs in die Arme. Pompeius nahm diese Reste des Spartacusheeres gefangen und ließ sie an der Via Appia, der römischen Landstraße zwischen Rom und Capua, kreuzigen. So tobte sich die Wut der oftmals geschlagenen Sklavenbesitzer an den besiegten Sklaven aus. Pompeius berichtete daraufhin dem Senat von Rom, Crassus habe zwar die entlaufenen Sklaven in einer offenen Schlacht besiegt, er aber habe erst diesen Krieg mit der Wurzel ausgerottet. Schon während seines Eilmarsches aus Spanien hatte Pompeius im nördlichen Italien, etwa in Etrurien, einige Sklavenabteilungen vernichtet, die sich früher schon vom Spartacusheer abgespalten hatten.

Doch die Reste des zerschlagenen Spartacusheeres, die der Vernichtung durch Crassus in den Bergen entkommen waren, setzten ihren Kampf fort. Diese Truppenverbände hielten sich in den Bergen Lukaniens und Bruttiums noch jahrelang. Immer wieder flammten dort einzelne kleinere Sklavenunruhen auf. Der römische Redner Marcus Tullius Cicero, der im August des Jahres 70 v. u. Z. von einer Reise aus Sizilien nach Rom zurückkehrte, hob in einer Anklage gegen den ehemaligen römischen Statthalter Verres in Sizilien u. a. hervor, daß er auf der Rückreise nach Rom von Vibo bis Velia ein Boot nehmen mußte, da der Landweg wegen der vielen geflüchteten Sklaven zu gefährlich war. Beide Orte liegen an der bruttischen und lukanischen Küste des Thyrrenischen Meeres. Große Teile der südwestlichen Küstenlandschaften Italiens befanden sich

Der Spartacusaufstand (73—71 v. u. Z.)

also auch noch nach dem Untergang des Spartacusheeres in der Gewalt bewaffneter geflohener Sklaven.

Noch in den sechziger Jahren v. u. Z. kämpften diese Sklaven in unwegsamen Gebieten, wo sie ihre Schlupfwinkel besaßen. Sie waren zeitweilig so stark, daß sie — wie schon in den Zeiten des Spartacus — das Gebiet von Thurii erobern konnten. Zur Zeit der Verschwörung des Catilina in Italien kam es zu neuen Sklavenunruhen. In

Apulien wurde ein neuer Sklavenaufstand vorbereitet. Rom mußte 63 v. u. Z. eine Heeresabteilung unter der Führung des Quintus Metellus Creticus dorthin entsenden, um den Aufstand im Keime zu unterdrücken.

Im Jahre 61 v. u. Z. konnten diese Reste des großen Sklavenaufstandes mit militärischer Gewalt unterdrückt werden. Es war der Vater des späteren Kaisers Augustus, Gaius Octavius, dem diese Aufgabe zufiel: »Nach seiner Prätur erhielt er (Gaius Octavius – R. G.) durch das Los die Provinz Makedonien. Bevor er sich aber dorthin begab, führte er einen Sonderauftrag des Senats durch und vernichtete die Reste von Banden des Spartacus und des Catilina – entflohene Sklaven, die das Gebiet von Thurii erobert hatten... Als Kind erhielt Augustus den Beinamen ›der Thurier‹, entweder in Erinnerung an die Herkunft seiner Vorfahren oder auch deswegen, weil sein Vater kurz nach seiner Geburt in dem Gebiet von Thurii eine Bande flüchtiger Sklaven vernichtet hatte.«[33]

Übrigens hatte der Aufstand des Spartacus auch in Sizilien einige Spuren hinterlassen, obwohl es ihm nicht gelungen war, die aufständischen Sklaven auf die Insel zu bringen. Von dem Kundschafter des Spartacus in Sizilien war schon die Rede gewesen. Cicero berichtet auch in der schon genannten Anklage gegen Verres, daß es im Gebiet von Triokala im Südwesten der Insel, dem Zentrum des bedeutenden 2. Sizilischen Sklavenaufstandes von 104–101 v. u. Z., zu verdächtigen Umtrieben von Sklaven gekommen war.

So endete der gewaltigste Sklavenaufstand der Antike.

Die historische Bedeutung des Spartacusaufstandes

Die Hauptmasse der Aufständischen bildeten landwirtschaftliche Sklaven – Sklaven, die auf den Feldern und in den Mühlen der Latifundien und der Villenwirtschaften arbeiteten und das Vieh der Großgrundbesitzer hüteten. Der Anteil der Freien am Aufstand war nicht sehr bedeutend. Es waren meist ruinierte Kleinbauern und landlose Tagelöhner, die sich dem Heer der Aufständischen angeschlossen hatten; doch konnten sie wohl kaum das Vorhaben des Spartacus und den Verlauf des Aufstandes wesentlich beeinflussen. Sie vereinte die gemeinsame Ausbeutung und Unterdrückung durch die Großgrundbesitzer.

Spartacus zog sowohl die flüchtigen Sklaven als auch die »Freien von den Feldern« (Appian) in seinen Bann, weil er das Prinzip der Gleichheit nicht nur in Worten vertrat, sondern auch danach handelte. Durch die gerechte Verteilung der Beute brachten ihm die Aufständischen Vertrauen und Achtung entgegen. Er wandte sich auch gegen Plünderungen und Zerstörungen, gegen Affekthandlungen aller, die mit ihm im Heere zogen, so sehr diese Handlungen auch durch erlittene Mißhandlungen ihrer früheren Peiniger verständlich waren. Er verbot den Besitz von Gold und Silber im Lager, um nicht Habgier und Zwietracht aufkommen zu lassen. Sicher sollten diese Maßnahmen keine »kommunistische Gesellschaft« einleiten, wie dies früher von verschiedenen bürgerlichen Historikern behauptet worden ist. Von einem »sozialen Programm« des Spartacus wissen wir einfach zu wenig, als daß wir es beurteilen könnten. Und die Vorstellungen der aufständischen Sklaven in früheren Erhebungen, in den beiden sizilischen Sklavenaufständen, in der sozialen Bewegung des Aristonikos in Pergamon, im Aufstand des Saumakos im Bosporanischen Reich, lassen sich nicht schematisch auf Spartacus und seine Anhänger übertragen.

Das Ziel des Spartacusaufstandes war nicht die Bildung einer neuen Gesellschaftsordnung, keine Umwälzung der bestehenden gesellschaftlichen Verhältnisse, keine Revolution. Im Gegensatz zu den Zielen der früheren Aufstände wollte Spartacus keinen Sklavenstaat errichten, in dem die bestehenden gesellschaftlichen Verhältnisse nur umgestülpt waren, d. h., daß aus Sklavenbesitzern Sklaven und aus Sklaven neue Sklavenbesitzer würden. So weit wir es einschätzen können, hatte er auch nicht die allgemeine Aufhebung der Sklaverei beabsichtigt. »Er wollte lediglich alle Sklaven, die ihren Herren entlaufen waren und sich ihm angeschlossen hatten, in ihre Heimat zurückführen und ihnen die Freiheit wiedergeben.«[34] Aber gerade darin bestand seine reale Einschätzung der bestehenden sozialen und politischen Situation. Spartacus zeigte seinen Sklaven die damals einzig mögliche Alternative, der auf Sklaverei beruhenden Gesellschaftsordnung zu entkommen, indem er sie in Gebiete außerhalb der Grenzen dieser Gesellschaftsordnung führen wollte. Es ging also den Sklaven nicht nur um den Erwerb des juristischen Status der Freiheit, die manche von ihnen auch in der Erwartung und Verkündung des – wenn auch oft fern liegenden – Tages der Freilassung durch ihren Herrn hätten erhalten können. Durchführbar war jedoch damals eine Flucht aus den Fesseln der Sklavereigesellschaft nur durch ein Zurück in die Urgesellschaft oder in die militärische Demokratie, in der die Stämme jenseits der Grenzen des Imperium Romanum lebten.

»Nicht der Kampf gegen das mächtige römische Imperium konnte den Sklaven die Freiheit sichern, sondern der Abzug der aufständischen Heere in die Randgebiete des Reiches, an die Peripherie der römischen Gewalt, nach Thrakien oder Gallien, wo sie sich unter günstigen geographischen Bedingungen, unterstützt von der lokalen Bevölkerung, gegen die römischen Legionen halten konnten ... Seine Erfahrung und Kenntnis der Situation führten ihn zu der richtigen Schlußfolgerung, daß es für die Rebellen nur dort eine Rettung gab, wo die bewaffnete römische Macht sie nicht erreichen konnte, nämlich in der Welt der ›Barbaren‹, die damals erst im Begriff standen, die Schwelle der Zivilisation zu überschreiten.«[35] Spartacus gelang es nicht, dieses Ziel zu verwirklichen. Aber es war nicht undurchführbar gewesen. Es war keinesfalls utopisch, wie etwa die Gründung eines Sklavenstaates in Sizilien oder die Errichtung eines »Sonnenstaates« in Pergamon. Daß Spartacus' Plan letztlich scheiterte, lag zum Teil in Gründen, die wir noch nicht kennen (etwa in der Rückkehr aus Mutina 72 v. u. Z.), zum Teil an der Undiszipliniertheit seiner Unterführer, vor allem aber an dem sich allmählich für das Sklavenheer immer ungünstiger zuspitzenden militärischen Kräfteverhältnis.

Die Sklavenklasse war in sich sehr differenziert, und nicht wenige zogen es vor, auf eine eventuelle Freilassung zu warten, anstatt den gefahrvollen Weg des Aufstandes zu wählen. Die Sklaven waren räumlich scharf voneinander getrennt, und niemand durfte sich ohne besondere Erlaubnis vom Gut entfernen. Das erschwerte die gegenseitige Kontaktaufnahme. Die Klasse der Sklaven hatte zu dem damaligen Zeitpunkt noch keine natürlichen Verbündeten. Selbst der ärmste römische Bürger fühlte sich weit über dem Sklaven erhaben. Das änderte sich erst unter den Bedingungen der allgemeinen Krise der Sklaverei (seit dem Ende des zweiten Jahrhunderts u. Z.), als sich die soziale Lage der Sklaven und die der freien Kleinproduzenten immer mehr anglich. Schließlich war die militärische Kraft Roms trotz aller inneren Spannungen ungebrochen, ja sie hatte sich in den Jahrzehnten nach der Heeresreform des Marius (104 v. u. Z.) noch erhöht.

Aber: wenn auch die Sklaven nach zahlreichen Siegen dennoch unterlagen, so blieb der Aufstand des Spartacus nicht ohne Wirkungen auf die damalige römische Gesellschaft und auf den römischen Staat. Der Aufstand des Spartacus beeinflußte den politischen Niedergang der römischen Republik. Die der auf Sklaverei beruhenden Produktionsweise innewohnenden Widersprüche hatten sich so sehr zugespitzt, daß die herrschende Klasse der Sklavenbesitzer ihrer mit den herkömmlichen Methoden nicht mehr Herr werden konnte. Mit jedem gekreuzigten Sklaven an der Via Appia wird die Unfähigkeit der herrschenden Klasse symbolisiert – bei Aufrechterhaltung der bestehenden Gesellschaftsverhältnisse –, sich mit den alten Mitteln gegen die Sklaven zu behaupten.[36]

Der Kampf der Sklaven bewirkte in den politischen Verhältnissen der römischen Republik Veränderungen, die den Niedergang der republikanischen Staatsform beschleunigten. Die Restaurationspolitik Sullas, die auf die Erhaltung der traditionellen Senatsherrschaft und der Staatsform der Republik gerichtet war, löste sich auf. Der Zerfall der Republik wurde eingeleitet. Um die auf Sklaverei beruhende Ordnung weiter festigen und erneut stabilisieren zu können, mußte die herrschende Klasse neue Formen der politischen Machtausübung finden. Diese lagen in der Entwicklung der antiken Militärdiktatur, für die Marius mit seiner Heeresreform bereits Voraussetzungen geschaffen hatte. Eine Form der Diktatur der Sklaven- und Großgrundbesitzer mußte gefunden werden, die die Kräfte aller Sklavenbesitzer, nicht nur die der Senatsaristokratie, vereinte. Und diese Diktatur wurde gefunden — in der Errichtung des römischen Kaiserreiches.

Indirekt beeinflußte der Spartacusaufstand trotz seiner Niederlage eine ökonomische Entwicklung, die schon seit dem 2. Jahrhundert v. u. Z. erkennbar ist und später im römischen Kaiserreich von großer Bedeutung wurde: die Entstehung und Entwicklung des Kolonats in Rom.

Als nach dem Ende des 2. Punischen Krieges (218—201 v. u. Z.), der in Italien und Sizilien große Verheerungen in der Landwirtschaft hinterlassen hatte, der Großgrundbesitz bisher nicht gekannte Ausmaße annahm, entwickelte sich dieser in unterschiedlichen Formen. Einmal entstanden große Latifundien, die von Massen von Sklaven bewirtschaftet wurden. Dort, wo die Weidewirtschaft überwog, traten häufig diese Latifundien auf. Aber diese Form des Großgrundbesitzes ist in der Vergangenheit in der Forschung häufig überschätzt worden. Im Ackerbau dagegen waren sie verhältnismäßig selten anzutreffen. Das lag u. a. daran, daß der italische Getreideanbau, für den weite Flächen besonders geeignet waren, nur eine geringe Rolle spielte. Getreide bezog man billiger aus Sizilien und nach der Eroberung Karthagos (146 v. u. Z.) aus Nordafrika. In Italien bevorzugte man dagegen den Wein- und den Olivenanbau, der eine intensive Bewirtschaftung weniger, aber dafür spezialisierter Sklaven erforderte. Diese Art des Großgrundbesitzes war in Italien geographisch stark zergliedert und zersplittert. Die römischen Großgrundbesitzer besaßen in vielen Landschaften Italiens solche Grundbesitzungen, in denen Wein- und Olivenanbau betrieben wurde. Sie waren im einzelnen kaum größer als 50 bis 100 Hektar; aber oft besaßen die Großgrundbesitzer in den verschiedenen Teilen Italiens bis zu 10 und 15 dieser Wirtschaften, die von einer kleineren, arbeitsteilig spezialisierten und leichter zu kontrollierenden Sklavenschar bewirtschaftet wurden. Da das Herrenhaus solcher Wirtschaften als Villa bezeichnet wurde, hat sich in der wissenschaftlichen Literatur für diese Art des Grundbesitzes die Bezeichnung Villenwirtschaften eingebürgert.

Während die Latifundien meist nur schwach mit dem Markt verbunden waren und extensiv wirtschafteten, waren die Villenwirtschaften eng mit einem städtischen Markt verflochten und bevorzugten eine für die damalige Zeit sehr intensive Form der Bewirtschaftung. Seit dem 2. Jahrhundert v. u. Z. haben auch landarme oder ruinierte Bauern, meist zusätzlich zu ihrem eigenen Hof, ein Stück Land eines Großgrundbesitzers gepachtet, um ihre eigene bedrohte wirtschaftliche Existenzgrundlage zu erweitern. Diese Pachtbauern werden in den Quellen seit dem 1. Jahrhundert v. u. Z. Kolonen (coloni) genannt.

Im Ergebnis des Spartacusaufstandes gingen die Großgrundbesitzer allmählich in größerem Umfange dazu über, Teile ihres Landes an Kolonen zu verpachten. Einmal garantierte ihnen die jährliche Pachtsumme der Kolonen ein stabiles und regelmäßiges Mehrprodukt, und zum anderen hatte ihnen nicht zuletzt der Spartacusaufstand eindringlich vor Augen geführt, wie gefährlich es sein konnte, wenn sie Massen von Sklaven auf den Großgrundbesitzungen konzentrierten.

Dieser Veränderungsprozeß in der Landwirtschaft stand damals erst in seinen Anfängen. Es dauerte noch etwa bis zur Mitte des 2. Jahrhunderts u. Z., bis in der italischen Landwirtschaft der Anteil der Kolonenarbeit die Tätigkeit der landwirtschaftlichen Sklaven überwog.

Auch im Verhalten der Sklavenbesitzer zu den Sklaven begann sich – wenn auch nur allmählich und nicht sofort erkennbar – einiges zu verändern. Bisher herrschte die Auffassung vor, den Sklaven mit aller Brutalität und Grausamkeit auszubeuten. Der römische Politiker und Schriftsteller Marcus Porcius Cato (234–149 v. u. Z.) empfahl in seiner Schrift »Über die Landwirtschaft«, die Sklaven bis aufs Äußerste auszunutzen. Wenn ein Sklave alt wurde, sollte man ihn nicht weiter behalten, sondern verkaufen, solange dies noch möglich war. Kranke Sklaven sollten ausgesetzt werden. Für Sklaven sollte es im ganzen Jahr keine Ruhetage geben.

Diese Anschauung über die Sklaven herrschte auch noch im 1. Jahrhundert v. u. Z. vor und galt als allgemeine Maxime der Sklavenbesitzer für die Behandlung ihrer Sklaven. Allmählich zeigten sich jedoch bei einigen intellektuellen Vertretern der herrschenden Klasse Vorstellungen für eine humanere Behandlung der Sklaven. Solche Äußerungen traten erst vereinzelt auf, und noch im 1. Jahrhundert u. Z. sind sie recht selten. Sie richteten sich gegen die grausame Sklavenauffassung des Cato. In diesem Sinne schrieb der Geschichtsschreiber Diodor (um 80 bis um 29 v. u. Z.) in seiner »Historischen Bibliothek«: »Nicht nur im öffentlichen Leben muß, wer in einer hohen Stellung ist, seine Untergebenen human behandeln, sondern auch im privaten Bereich ist es für einen vernünftig denkenden Menschen unerläßlich, mit seinen Sklaven freundlich umzugehen..., muß er (der Sklave – R. G.) aber auf die menschenwürdige Behandlung, auf die er Anspruch hat, verzichten, so wird er zum Feind seiner unmenschlichen Herren.«[37]

Um solchen großen Sklavenaufständen in Zukunft vorzubeugen, griffen die Sklavenbesitzer zu differenzierten Methoden in der Verwendung von Sklaven. Man vermied künftig, viele Sklaven an einem Ort zu konzentrieren, die aus einem Stamm oder Stammesverband, aus einer Völkerschaft oder aus *einem* eroberten Staat stammten, also *eine* Sprache sprachen. Um die Verständigungsmöglichkeiten zu erschweren, setzte man die Sklavenkolonnen ethnisch verschiedenartig zusammen. »Eine immer größere Bedeutung gewinnt die ›Aufseherarbeit‹; die Herren ergreifen verschiedene Maßnahmen, um sich eine ergebene Schicht der Villenverwaltung zu schaffen. Sie versuchen einerseits, die Sklaven voneinander fernzuhalten, ihre Selbständigkeit und Individualität zu unterdrücken und mit Strafen einzuschüchtern, und andererseits, sie in irgendwelchem Grade zu interessieren und an das Haus zu binden.«[38] Die Sklavenbesitzer waren sehr daran interessiert, ihnen ergebene Verwalter-Sklaven und Aufseher-Sklaven heranzubilden, einmal, um sich der ihnen lästigen wirtschaftlichen Kontrollfunktionen zu entledigen, zum anderen, um eine Sklavenoberschicht – ein »Stehkragenproletariat der Sklaverei« – heranzuziehen, die auch die Schmutzarbeit in der Bestrafung von Sklaven besorgte.

Eine andere Wirkung zeigte der Spartacusaufstand insofern, daß der römische Staat sich allmählich in die

Beziehungen zwischen den Sklavenbesitzern und den Sklaven einzumischen begann. Das war sehr schwierig und gerade unter den Verhältnissen des Bürgerkrieges kaum durchführbar. In den Bürgerkriegen bewaffneten manche Sklavenbesitzer ihre Sklaven, versprachen ihnen die Freilassung, Anteil an der Beute usw. In den Proskriptionen konnten Sklaven andererseits ihre für vogelfrei erklärten Herren lebend oder tot den Behörden ausliefern, erhielten dafür die Freiheit und einen Teil des Vermögens ihres Herrn. Viele Angehörige der Senats- und Ritteraristokratie sind auf diese Weise umgekommen. Damit lockerten sich in den Bürgerkriegen zeitweilig die Verhältnisse der Sklaverei. Die meisten Grund- und Sklavenbesitzer waren jedoch mit einer solchen Entwicklung nicht einverstanden und unterstützten die Einführung der antiken Form der Militärdiktatur, die die Sklavereiverhältnisse wieder festigen sollte. Die Interessen der ganzen herrschenden Klasse mußten über den Interessen des einzelnen Sklavenbesitzers stehen. Diesen Interessen der Gesamtheit der herrschenden Klasse kam Gaius Julius Cäsar entgegen, der in sein Heer keine entlaufenen Sklaven aufnahm, keine Denunziationen von Sklaven gegen ihre Herren annahm und der ein Verbot erließ, Sklaven zu bewaffnen, um sich mit ihrer Hilfe ein staatliches Amt zu verschaffen.

Der Name des Spartacus hat in den verschiedenen Klassen der römischen Gesellschaft einen unterschiedlichen Eindruck hinterlassen. Vertreter der herrschenden Klasse sahen in diesem Namen ein Symbol des Aufruhrs. Marcus Antonius (82−30 v. u. Z.), der das Erbe Cäsars für sich allein beanspruchte, bezeichnete den jungen Octavian als »Spartacus«, um damit die Sklavenbesitzer gegen ihn einzunehmen, und Cicero gebrauchte diesen Ausdruck wiederum gegen seine schärfsten politischen Gegner Clodius und Antonius. Der Dichter Lucanus beschwor das Bild des Spartacus in seinem Epos über die Bürgerkriege als Zeichen des Unheils. Die Geschichtsschreibung des 4. Jahrhunderts, die den Standpunkt der Senatsaristokratie vertrat, nannte den »Soldatenkaiser« Maximinus Thrax (235−238) einen »Spartacus«. So wurde dieser Name in Bürgerkriegen und in anderen politischen Kämpfen innerhalb der herrschenden Klasse ein beleidigendes Schimpfwort.

Unter den Sklaven, besonders den Sklaven in der Landwirtschaft, und den Gladiatoren blieb aber der Name des Spartacus in hoher Wertschätzung. Ihnen war er ein Fanal des Kampfes und der Erhebung gegen den römischen Staat der Sklavenbesitzer.

Im Sommer des Jahres 24 u. Z. kam es in der Nähe von Brundisium zur Vorbereitung eines Sklavenaufstandes. Nur der Zufall, so überliefert der römische Geschichtsschreiber Tacitus, habe den Ausbruch eines neuen Sklavenkrieges in Italien verhindert. Anführer der Sklavenverschwörung war Titus Curtisius, ein ehemaliger Angehöriger der Prätorianergarde in Rom. Er veranstaltete geheime Zusammenkünfte in Brundisium und in anderen umliegenden Orten, auch »rief er in öffentlichen Anschlägen die in der Landwirtschaft tätigen Sklaven, die sich durch besondere Wildheit auszeichneten, in den weiten Waldgebirgen zur Freiheit auf«.[39] In diesen Gebieten, in denen die Latifundienwirtschaft verbreitet war, lebte noch die Erinnerung an Spartacus weiter. Es traf sich ungünstig für diese Sklavenverschwörung, daß gerade drei Patrouillenschiffe der römischen Adriaflotte dort an der Küste vorbeikamen, wo der Aufstand beginnen sollte. Der Quästor Cutius Lupus unterdrückte mit Hilfe dieser Seesoldaten den ausbrechenden Aufstand im Keime. In Rom aber bebte man vor Schrecken, so sehr fürchtete man eine neue Sklavenerhebung nach der Art des Spartacusaufstandes.

Im Jahre 64 u. Z. kam es in der Stadt Praeneste, die etwa 34 Kilometer von Rom entfernt in Latium lag, zu einer neuen Gladiatorenerhebung. Aber dieser Ausbruchsversuch der Gladiatoren mißlang. Die Wachtruppen der Gladiatorenkaserne vereitelten die Flucht der Gladiatoren und machten sie nieder, »wobei das Volk, das Neuerungen zugleich wünscht und scheut, sich schon mit Spartacus und anderen alten Geschichten herumtrug«.[40] Wieder versetzte die Erinnerung an Spartacus die römischen Bürger in Angst und Schrecken.

Der Aufstand des Spartacus war die bedeutendste Sklavenerhebung der antiken Sklavereigesellschaft, aber er war keine soziale oder politische Revolution. Die Voraussetzungen für die Umwandlung der auf Sklaverei beruhenden Gesellschaftsordnung waren noch nicht herangereift. Es gab im 1. Jahrhundert v. u. Z. noch keine Keime oder Elemente künftiger feudaler Produktionsverhältnisse. Im 1. Jahrhundert v. u. Z. war im römischen Imperium die auf Sklaverei beruhende Produktionsweise auf ihrem Höhepunkt angelangt. Der Niedergang und der schließliche Untergang der republikanischen Staatsform ging nicht mit einer gesamtgesellschaftlichen Krise einher. Nur *eine* Form der Sklavenverwendung in der Landwirtschaft, die massenhafte Konzentration von Sklaven in den Latifundien, hatte sich als nicht weiter entwicklungsfähig erwiesen. Aber in den Villenwirtschaften und im städtischen Handwerk blieb die Sklaverei noch für Jahrhunderte lebendig. Erst in der zweiten Hälfte des 2. Jahrhunderts u. Z. waren in einigen Teilen des Römischen Reiches Symptome einer allgemeinen Krise erkennbar, aus der es kein Entrinnen mehr gab, die letzten Endes in den Untergang der auf Sklaverei beruhenden Gesellschaftsordnung führte. Die politische Krise des römischen Staates im 1. Jahrhundert v. u. Z. konnte durch die Entwicklung der antiken Form der Militärdiktatur, des römischen Kaiserreiches, abgefangen werden. Seit dem Ende des 2. Jahrhunderts u. Z. war so etwas nicht mehr möglich. Gab es im letzten Jahrhundert der Republik noch Entwicklungsmöglichkeiten für die Produktivkräfte, so dominierte seit dem Ende des 2. Jahrhunderts u. Z. die alles gesellschaftliche Leben hemmende Stagnation. Daher konnte der Spartacusaufstand noch keine Umwälzung der Epoche kennzeichnen. Er war auch kein Kampf für die allgemeine Aufhebung der Sklaverei, sondern ein Kampf für die persönliche Freiheit der Sklaven, die an ihm aktiv beteiligt waren und die nicht die Freiheit als Gnadengeschenk aus den Händen ihrer Herren erhalten wollten. Für den Untergang der Sklaverei als gesellschaftlich herrschendes System kam er einige Jahrhunderte zu früh.

Staat und Gesellschaft der römischen Republik um die Mitte des 2. Jahrhunderts v. u. Z.

Die herrschende Klasse und ihr Staat

Im 2. Jahrhundert v. u. Z. wurde die Sklaverei Grundlage der Produktion und beherrschte nun alle Bereiche des Wirtschaftslebens. Diese Entwicklung hatte tiefgreifende Veränderungen in der politischen Machtausübung der herrschenden Klasse und in der römischen Gesellschaft zur Folge. Darüber hinaus war Rom zum bestimmenden Faktor in der Mittelmeerwelt geworden. Die sozialen und politischen Widersprüche der auf Sklaverei beruhenden Produktionsweise spitzten sich in kurzer Zeit rasch zu. Die römischen und italischen Bauern verarmten, Großgrundbesitz verbreitete sich, und die Zahl der Sklaven stieg sprunghaft an.

Mehrere ehemalige mächtige Staaten waren in dieser Zeit von Rom vernichtet oder entscheidend geschwächt worden: Makedonien wurde im 3. Makedonischen Krieg (171–168) und Karthago im 3. Punischen Krieg (149–146) unterworfen; im Jahre 146 v. u. Z. waren zwei Großstädte, die mit dem römischen Handel ernsthaft konkurrierten, bis auf die Grundmauern zerstört worden – Karthago und Korinth. Das Seleukidenreich in Syrien hatte seinen bedeutenden Einfluß im Nahen Osten verloren, der größte Teil Spaniens war von Rom unterworfen worden, und im Jahre 146 v. u. Z. wurde Griechenland römische Provinz.

Die eroberten Gebiete wurden in kaum vorstellbarer Weise ausgeplündert. Nach unvollständigen modernen Berechnungen gelangten in der ersten Hälfte des 2. Jahrhunderts v. u. Z. aus den besiegten Staaten als Kriegskontributionen etwa 150 Millionen Denare nach Rom; dazu kamen noch mindestens 100 Millionen Denare als Kriegsbeute. Die Steuern und Abgaben der von Rom unterworfenen Provinzen bereicherten in diesem Zeitraum die römische Staatskasse um schätzungsweise 130 Millionen Denare. Das sind zusammen mindestens 380 Millionen Denare. Man kann sich vielleicht die gewaltige Höhe dieser Summe dadurch vorstellen, wenn man vergleicht, daß ein Tagelöhner damals etwa $1/4$ bis 1 Denar als Tagelohn erhielt und daß der Durchschnittspreis eines Sklaven etwa zwischen 300 und 500 Denaren lag. Im 1. Jahrhundert v. u. Z. arbeiteten in Italien in den Städten und in der Landwirtschaft schätzungsweise etwa 3 Millionen Sklaven! Die geschätzte Anzahl der freien Bewohner Italiens betrug damals etwa 12 Millionen.

Diese wirtschaftliche und politische Entwicklung festigte die Stellung der römischen herrschenden Klasse, der Nobilität, die als Senatsaristokratie das gesellschaftliche Leben Roms beherrschte. Aber zugleich hatte ein Differenzierungsprozeß innerhalb der Nobilität eingesetzt. Einige senatorische Familien hatten sich den größten Anteil des nach Rom fließenden Reichtums angeeignet, während andere Familien der Nobilität in deren Schatten standen. Die den Senat beherrschenden Familien bildeten regelrechte Interessengemeinschaften, deren Ziele variabel blieben. Vor allem schlossen sie sich zusammen, wenn es galt, aussichtsreiche Kandidaten für die jährlich von der Volksversammlung zu wählenden Magistrate aufzustellen.

Analysiert man beispielsweise die Namen der 200 Konsuln – jährlich wurden zwei Konsuln gewählt – zwischen 233 und 133 v. u. Z., so ergibt sich, daß diese 200 Ämter auf 58 senatorische Familien verteilt waren. Die politische Machtkonzentration in den Händen weniger Familien zeigt sich noch deutlicher, wenn man sieht, daß 113 Konsulposten allein von 13 Familien besetzt wurden: die Cornelier stellten in diesen hundert Jahren 22 Konsuln, davon 12 allein von den Scipionen, die zu den Corneliern gehörten; die Aemilier 11, die Fulvier 11, die Postumier 9, die Claudier Marceller 9, die Claudier 8, die Semproinier 8, die Fabier 7, die Valerier 7, die Manlier 6, die Servilier 5, die Calpurnier 5, die Marcier 5.[41] Unter diesen führenden dreizehn Adelsfamilien besetzten wiederum die ersten fünf, die Cornelier, Aemilier, Fulvier, Postumier und Claudier Marceller 62 Konsulate. In dem genannten Zeitraum gelang es nur vier nichtsenatorischen Familien, einen »homo novus«, einen »Neuling«, zum Konsul wählen zu lassen und damit in den Kreis der senatorischen Familien aufzusteigen. Die Nobilität verteilte die einträglichen Amtsstellen unter sich.

Die politische Macht dieses Adels beruhte auf dem Großgrundbesitz. Die Provinzen wurden von Senatoren verwaltet und galten als Beutegüter des römischen »Volkes«. In Wirklichkeit waren sie Besitz der Senatsaristokratie. Aber auch in Italien selbst hatte sich der Großgrundbesitz in Form von Latifundien- oder Villenwirtschaften ausgedehnt. Darüber berichtet Appian: »Nachdem sich die Reichen den größten Teil des Bodens, der nicht aufgeteilt worden war, angeeignet hatten und, sich auf die Zeit verlassend, meinten, es werde ihnen diesen keiner wieder wegnehmen, brachten sie die in ihrer Nähe liegenden Äcker der Armen an sich, indem sie diese teils durch Überredung kauften, teils gewaltsam wegnahmen, wodurch sie schließlich ihre Grundstücke zu Latifundien erweiterten, für deren Bearbeitung sie gekaufte Landarbeiter und Hirten verwendeten, die nicht wie die Freien durch den Heeresdienst der Landwirtschaft entzogen wurden, wobei ihnen dieser Erwerb gleichzeitig auch großen Gewinn durch den Kinderreichtum der Sklaven brachte, die sich dadurch,daß sie nicht zum Kriegsdienst herangezogen wurden, gefahrlos vermehren konnten. Infolgedessen wurden die Mächtigen außerordentlich reich, und die Zahl der Sklaven im Lande wuchs, die Zahl der Italiker aber nahm ab, da die Armut, die Kriegssteuern und der Kriegsdienst sie ruinierten. Doch selbst wenn die Last etwas leichter wurde, waren sie zur Untätigkeit verurteilt, da der Boden den Reichen gehörte, die ihn aber durch Sklaven und nicht durch Freie bearbeiten ließen.«[42]

Dadurch ging die Zahl der freien römischen Bürger zurück. Von 337452 Vollbürgern im Jahre 164 v. u. Z. sank ihre Zahl auf 328316 im Jahre 159, auf 322000 im Jahre 147 und auf 317933 im Jahre 136 v. u. Z. Nur ein geringer Teil dieser landlos gewordenen Bauern blieb als Tagelöhner in der Landwirtschaft tätig, die meisten von ihnen zogen nach Rom, wo sie das Heer des Lumpenproletariats, das auf Kosten der Gesellschaft lebte und erhalten wurde, vergrößerte.

In einer besonders rechtlosen Lage befand sich die Provinzbevölkerung. Ein Provinzialstatut bestimmte die Normen der Verwaltung. Der Provinzstatthalter herrschte in seiner Provinz nahezu unumschränkt, konnte nach Belieben in die provinzielle Rechtsprechung eingreifen und Requisitionen vornehmen.

Diese Statthalter übten gewöhnlich nur für ein Jahr ihr Amt aus; deshalb nutzten sie die ihnen zur Verfügung stehende Zeit sehr intensiv zur eigenen Bereicherung. Oft beteiligten sie sich auch an gewinnbringenden Wuchergeschäften. Wenn auch im Jahre 149 v. u. Z. ständige Gerichte zur Behandlung von Klagen der Provinzbevölkerung über Erpressungen durch römische Amtspersonen eingerichtet worden waren, so brachten diese Gerichte doch keine wesentliche Veränderung. Die Nobilität stellte bis zu den Reformen des Gaius Gracchus (123 – 121 v. u. Z.) selbst die Richter in diesen Gerichten, und »eine Krähe hackte der anderen kein Auge aus«.

Außer den Requisitionen, die völlig dem Statthalter anheim gestellt waren, entrichteten die Provinzen feste Abgaben, Steuern, die in Geld oder in Naturalien zu entrichten waren. Außerdem wurden indirekte Abgaben(Zölle) an Warenumschlagplätzen erhoben. Die wichtigste Einnahmequelle war eine Ertragssteuer von landwirtschaftlichen Erzeugnissen, gewöhnlich der zehnte Teil der Ernteerträge. Die Abgaben der Provinzen stellten neben der Kriegsbeute die Haupteinnahmequelle des römischen Staates dar.

Wie aus alledem hervorgeht, war es der römischen Großgrundbesitzeraristokratie in der zweiten Hälfte des 2. Jahrunderts v. u. Z. gelungen, ihre politische und wirtschaftliche Führungsposition auszubauen und zu festigen.

Das Standesbewußtsein dieser Aristokraten wuchs erheblich. Sie grenzten sich von den Massen der einfachen freien Bürger noch stärker ab als vorher. Das oligarchische Regierungssystem konsolidierte sich. »Nach der willkürlichen Entscheidung einiger Leute wurde in Krieg und Frieden Politik gemacht, in ihrer Hand lagen auch Staatsschatz, Provinzen, Ämter, Ehren und Triumphe; das Volk wurde von Kriegsdienst und Armut bedrückt, die Kriegsbeute rissen die Feldherren mit einigen Freunden an sich; inzwischen wurden die Eltern oder kleinen Kinder der Soldaten von Haus und Hof vertrieben, wenn sie einen mächtigen Nachbarn hatten.«[43]

Wie sich unter den Angehörigen der Nobilität ein Gewinndenken durchsetzte, zeigt am besten das Beispiel des schon erwähnten Marcus Porcius Cato. Die Vermehrung des ererbten Vermögens sah er als wichtigstes Ziel. In seiner Schrift »Über die Landwirtschaft« widmete er sich vor allem den Fragen, wie man aus einem landwirtschaftlichen Gut bei möglichst niedrigen eigenen Kosten den größtmöglichen Gewinn erzielen könne.

Neben dem großgrundbesitzenden Senatsadel, der zugleich die politisch herrschende Klasse darstellte, bildete sich im 2. Jahrhundert v. u. Z. als zweiter Stand im Staat die Ritterschaft heraus. Die Ritter waren die finanzkräftigen Geldleute, Kaufleute, Fernhändler, Wucherer, städtische Werkstättenbesitzer, Pächter von staatlichen Bergwerken usw., die sich in dieser Art und Weise ein bedeutendes Vermögen angeschafft hatten. Allmählich schloß sich auch diese Schicht, die von der politischen Herrschaft im Staat ausgeschlossen war, zu einem geschlossenen Stand zusammen.

Wie waren diese »Ritter«, die gar nichts mit einem feudalen Reiteradel zu tun haben, zu ihrem teilweise märchenhaften Vermögen gekommen? Man muß hierbei beachten, daß der Stadtstaat Rom so gut wie keine staatliche Verwaltung besaß. So war es übrigens auch in den meisten anderen antiken Staaten. Aufgaben der staatlichen Verwaltung, die finanzieller Aufwendungen bedurften, wurden in Rom an wohlhabende Bürger — und das waren in erster Linie die Mitglieder des Ritterstandes — auf dem Wege der Auktion versteigert und verpachtet.

Dazu gehörten u. a. die Verpflegung des Heeres, die Errichtung oder Reparatur öffentlicher Bauwerke, Straßen und Brücken, die Ausbeute von Bergwerken, das Eintreiben der Zölle und der Provinzsteuern. Alle fünf Jahre versteigerten die römischen Zensoren solche und ähnliche staatliche Aufträge. Die Pächter von Staatsaufträgen schossen z. B. dem römischen Staat die Steuersumme einer Provinz aus eigenem Vermögen vor und erwarben damit das Recht, in der betreffenden Provinz die Steuern selbst einzuziehen. Diese Staatspächter wurden publicani genannt. Manchmal reichte das Vermögen eines einzelnen publicanus nicht aus, um etwa die Steuern oder die Zölle einer Provinz zu pachten. Dann schlossen sich mehrere Bürger zu einer Pachtgesellschaft — societas publicanorum — zusammen. Natürlich lag die Steuersumme einer Provinz, die die römischen Steuerpächter dann aus ihr herauspreßten, in der Regel weit über dem Betrag, den sie vorher dem Staat aus ihrem Vermögen vorgeschossen hatten. Aus dem Gewinn erhielt auch der jeweilige senatorische Provinzstatthalter seinen Anteil, damit er gegen die finanzielle Ausplünderung seiner Provinz keinen Einspruch erhob. Die Provinzbevölkerung wurde durch diese Praxis ruiniert, aber die Pächter strichen dadurch sehr bedeutende Vermögen ein. Die römischen Ritter wurden zu antiken Bankiers; sie verliehen Geld zu Wucherzinsen und liehen es zu vorteilhaften Bedingungen auch dem römischen Staat. Einen Teil ihres Vermögens legten sie auch im Grundbesitz in Italien und in den Provinzen an. In ihrer Klassenzugehörigkeit unterschieden sie sich nicht von den Mitgliedern des Senatorenstandes, nur, daß sie von der politischen Leitung des Staates ausgeschlossen waren. Wenigen Angehörigen des Ritterstandes gelang es, als »Neulinge« in den Kreis der Senatsaristokratie aufzusteigen. So sehr die Raffgier und die wirtschaftlichen Übergriffe der Ritter bekannt waren, konnte aber dennoch der römische Stadtstaat auf ihre wirtschaftliche und finanzielle Leistungsfähigkeit nicht verzichten. Manche Ritter betrieben auch den für sie sehr einträglichen Sklavenhandel.

Neben diesen reichen Kaufleuten, Bankiers und Staatspächtern gab es viele Handwerker und Kleinhändler, die zu den Plebejern gehörten und oft auch Freigelassene waren. Die Arbeitsteilung nahm im 2. und 1. Jahrhundert v. u. Z. im Handwerk weiter zu. Es gab zahlreiche spezialisierte Berufe unter den Textilhandwerkern, Schuhmachern, Zimmerleuten, Töpfern, Schmieden, Stellmachern und Lebensmittelhandwerkern. Besonders unter den städtischen Handwerkern lebten viele Freigelassene. Zusammen mit den freien Bauern bildeten sie die heterogene, nicht grundlegende Klasse der freien Kleinproduzenten. In dieser Klasse ging fortwährend ein sozialer Differenzierungsprozeß vor sich. Einigen wenigen gelang es, durch ihre wirtschaftliche Tätigkeit reich zu werden und in den Ritterstand zu kommen. Viele jedoch verarmten und vergrößerten nach ihrem wirtschaftlichen Ruin das Lumpenproletariat in Rom, das durch Lebensmittelspenden erhalten wurde. (Solche Spenden sind seit dem Jahre 213 v. u. Z. quellenmäßig belegt.) Die Masse der »proletarii«, die über kein weiteres Vermögen als über ihre Kinder verfügten (proles = Nachkommenschaft), kam jedoch aus der verarmten Bauernschaft.

Römischer Bauer hinter dem Pflug

Die landwirtschaftliche Produktion der kleinen Grundeigentümer war im wesentlichen nur auf die Versorgung der eigenen Familienangehörigen ausgerichtet. Ein

Grundbesitz in der Größe von etwa 7 iugera (1 iugum = 0,25 Hektar), also von $1^3/_4$ Hektar, wie er unter Bauern damals in Italien weit verbreitet war, erbrachte jährlich eine Ernte von etwa 20 Hektolitern an Weizen und fast ebenso viel an Gerste. Damit konnte eine Familie von sieben Personen im Jahr gerade noch auskommen; der Ertrag lag für diese Familie aber an der Grenze des Existenzminimums.[44] Der Lebensmittelbedarf einer solchen Bauernfamilie konnte noch durch einige Erträge an Hülsenfrüchten, Milch und Käse vervollständigt werden. Außerdem wurden ein bis zwei Kühe und einige Ziegen gehalten. Von solchen kleinbäuerlichen Betrieben gelangte natürlich im allgemeinen nichts zum Verkauf auf den städtischen Markt. Bei guten Ernten konnte man wohl Weniges verkaufen, um dafür landwirtschaftliche Werkzeuge zu erwerben. Aber diese Betriebe waren auch gegenüber wirtschaftlichen Schwierigkeiten, Trockenheiten, Viehseuchen u. a. sehr anfällig. Hinzu kam, daß diese Bauern während des 2. Punischen Krieges und in den darauffolgenden Kriegen schwere Verluste erlitten bzw. wirtschaftlich stark geschwächt wurden. Sie verfügten kaum über größere Geldmittel, um Verluste wieder auszugleichen oder kostspielige Neuanschaffungen vorzunehmen. Wenn vereinzelte Kleinbauern auch einige wenige Sklaven besaßen, so zählten sie dennoch nicht zur Klasse der Sklavenbesitzer, die von der Arbeit ihrer Sklaven leben und sehr gut leben konnte. Diese Bauern bewirtschafteten ihren Boden mit einem Ochsengespann und mit der Hilfe ihrer Kinder.

Die Verarmung der Bauern hatte auch schwerwiegende Folgen für die Rekrutierung des römischen Heeres, das bis zum Ende des 2. Jahrhunderts noch vornehmlich aus den freien Bauern bestand. Je mehr Bauern ihr Land verloren und in die Hauptstadt abwanderten, desto mehr geriet die Rekrutierungsgrundlage ins Wanken. Deshalb fand die Rede des Volkstribunen Tiberius Sempronius Gracchus großen Widerhall, die er im Jahre 133 v. u. Z. in der Volksversammlung hielt, um für eine Bodenreform zu agitieren: »Die wilden Tiere, die Italien bevölkern, haben ihre Höhlen und wissen, wo ihre Lagerstätte, ihr Schlupfwinkel ist. Die Männer aber, die für Italien kämpfen und sterben, haben nichts als Luft und Licht, unstet, ohne Haus und Hof, ziehen sie mit Weib und Kind im Lande umher, irren sie herum. Die Feldherren lügen, wenn sie in der Schlacht ihre Soldaten aufrufen, ihre Gräber und Heiligtümer gegen die Feinde zu verteidigen. Denn keiner von ihnen hat einen väterlichen Altar, kein Grabmal seiner Ahnen geerbt. Für den Luxus und für den Reichtum anderer setzen sie im Krieg ihr Leben ein und sterben sie. Herren der Welt werden sie genannt, die in Wirklichkeit nicht einmal Herr über eine eigene Erdscholle sind.«[45]

Am heftigsten spitzten sich aber um die Mitte des 2. Jahrhunderts v. u. Z. die Klassengegensätze zwischen Sklaven und Sklavenbesitzern zu. Die Sklaven wurden die Hauptklasse aller Ausgebeuteten. Die Klasse der freien Kleinproduzenten, ehemals Grundlage des römischen Stadtstaates, verlor ihre wirtschaftliche und soziale Bedeutung, wenn sie auch in Italien niemals völlig verschwand.

Die Quellen der Sklaverei

Sklaven waren seit der Abschaffung der Schuldsklaverei in Rom 326 v. u. Z. rechtlose Fremde (d. h. keine römischen Bürger), die nicht nur das gesamte Mehrprodukt an ihren Herren abzuliefern hatten, sondern auch persönliches Eigentum der Sklavenbesitzer waren und unter physischem Zwang arbeiteten. Es gab im wesentlichen drei verschiedene Quellen, aus denen die römischen Sklavenbesitzer ihren Bedarf an Sklaven schöpften: aus dem Sklavenhandel, der natürlichen Reproduktion der Sklaven und den Kriegsgefangenen.

1. Der Sklavenhandel

Schon in ältester Zeit gab es Händler, die sich mit dem Raub, Kauf und Verkauf menschlicher Ware beschäftigten. Seit dem 2. Jahrhundert v. u. Z. nahm der Sklavenhandel an Bedeutung rasch zu. Die hellenistischen Staaten im östlichen Mittelmeerraum führten fast unaufhörlich Kriege. Die Kriegsgefangenen wurden als Sklaven verkauft. Außerdem machten zahlreiche Piraten, besonders illyrische und kilikische Seeräuber die Küsten des östlichen und mittleren Mittelmeeres unsicher, kaperten Handelsschiffe und überfielen Siedlungen an den Küsten und verkauften die Schiffsmannschaften wie die überfallenen Dorfbewohner auf den Sklavenmärkten. Solange die Handelsinteressen Roms dadurch nicht gefährdet waren, ließen die Römer sie gewähren. Besonders die Insel Delos im Ägäischen Meer, die vom römischen Senat im Jahre 166 v. u. Z. zum Freihafen erklärt worden war, entwickelte sich zum Hauptumschlagplatz des Sklavenhandels im Mittelmeer. Es wird berichtet, daß dort täglich 10 000 Sklaven verkauft wurden, und sie gelangten hauptsächlich nach Italien.

2. Die natürliche Reproduktion der Sklaven

Sklaven konnten keine rechtlich anerkannte Ehe führen; aber die Sklavenbesitzer waren dennoch infolge des wachsenden Sklavenbedarfs daran interessiert, daß sich die Sklaven rasch vermehrten. Die Sklaven waren Bestandteil der *familia* des Sklavenbesitzers, und da die Kinder einer Sklavin dem Eigentümer der Mutter gehörten, bildete die Fortpflanzung eine weitere wichtige Quelle der Sklaverei.

3. Kriegsgefangene

Nach jedem siegreichen römischen Feldzug wurden zahlreiche Kriegsgefangene versklavt. Nicht alle Kriegsgefangenen ereilte dieses Schicksal, denn häufig kauften ihre Angehörigen sie durch Lösegeld vom römischen Staat frei. Zuweilen wurden auch Kriegsgefangene gegen römische Soldaten, die in Kriegsgefangenschaft geraten waren, ausgetauscht. Aber dennoch war die Zahl der versklavten Kriegsgefangenen sehr hoch: Im Jahre 209 v. u. Z. wurden nach der Eroberung von Tarent, das sich dem Karthager Hannibal angeschlossen hatte, 30 000 Bewohner dieser Stadt versklavt. Als Scipio im Jahre 204 v. u. Z. mit einem Heer in Nordafrika zum Kampf gegen Karthago landete, sandte er noch im gleichen Jahre 8000 gefangene Menschen als Kriegsbeute nach Italien. Im Jahre 177 v. u. Z. wurden nach der Unterdrückung eines Aufstands auf der Insel Sardinien 20 000, nach einer anderen Quelle waren es sogar 80 000, Sarden zu Sklaven gemacht. Im gleichen Jahr wurden ebenfalls nach der Unterwerfung eines Aufstandes in Istrien 5630 Menschen auf den Sklavenmarkt geschleppt. 150 000 Bewohner von Epirus wurden im Jahre 167 v. u. Z., weil sie während des 3. Makedonischen Krieges (171–168 v. u. Z.) den Makedonenkönig unterstützt hatten, als Sklaven verkauft. Nach der Zerstörung Karthagos im Jahre 146 v. u. Z. wurden etwa 55 000 Überlebende von den Römern versklavt. Zahlreiche aufständische Spanier gerieten vor allem in den vierziger und dreißiger Jahren des 2. Jahrhunderts v. u. Z. in römische Sklaverei. Als der römische Heerführer Gaius Marius 102 und 101 v. u. Z. die Italien angreifenden germanischen Stämme der Kimbern und Teutonen vernichtete, gerieten etwa 150 000 Germanen in römische Gefangenschaft. Vielleicht waren die germanischen Bestandteile des Spartacusheeres Kinder und Enkel der damals gefangengenommenen Germanen. Auch nach römischen Kriegen des 1. Jahrhunderts v. u. Z., besonders nach der römischen Eroberung Galliens durch Cäsar, wurden Zehntausende versklavt. Nach Cäsars eigenen Angaben wurden dabei 53 000 Gallier in die Sklaverei verkauft. Spätere Quellen berichten jedoch, Cäsar habe etwa 1 Million Menschen zu Sklaven gemacht.

Halsring eines Sklaven
mit dem Namen seines Herrn

Nach modernen Schätzungen gerieten im 2. und 1. Jahrhundert v. u. Z. im Durchschnitt jährlich maximal 6000 Menschen als Kriegsgefangene in die Hände römischer Sklavenbesitzer, natürlich nicht nur in Italien.[46] So bedeutend diese Zahl auch ist, sie reichte bei weitem nicht aus, um den römischen Sklavenbedarf zu decken. Allein in den spanischen Bergwerken arbeiteten ständig 40 000 Bergwerkssklaven. Ihre Lebensdauer war nur ge-

ring, etwa 4000 Sklaven mußten jährlich dort neu hin-
zukommen, um die Verluste auszugleichen. Man darf auch
nicht außer acht lassen, daß jährlich im römischen Imperium im 2./1. Jahrhundert v. u. Z. schätzungsweise etwa
3000 bis 5000 Sklaven freigelassen wurden.[47] Der Zugang
von kriegsgefangenen neuen Sklaven deckte also ungefähr den Abgang an Sklaven durch die Freilassung; der
weitere Bedarf mußte durch den Sklavenhandel und durch
Sklavengeburten befriedigt werden.

Die Aussicht auf Freilassung spornte die Sklaven zur
Arbeit an, um sich dadurch das Wohlwollen ihres Herren
zu erwerben. Natürlich gab es kein Gesetz, das die Freilassung von Sklaven nach Ablauf einer bestimmten Frist
vorsah, aber es war doch zumindest unter städtischen
Sklaven üblich, daß man sie etwa nach fünf oder sechs
Jahren, gewissermaßen zur Belohnung für geleistete
Dienste oder für fleißige und ehrliche Verrichtung der
ihnen übertragenen Arbeiten, freiließ. Daher haben sich
die Sklaven, die in den Städten arbeiteten, meistens nicht
an den Klassenkämpfen der landwirtschaftlichen Sklaven
beteiligt.

Der Handel mit kriegsgefangenen Sklaven war genauen
Vorschriften unterworfen. Die Versteigerung der Sklaven
leitete der siegreiche Heerführer selbst oder sein Quästor,
der für die Heeresfinanzen verantwortlich war. Die besonderen Merkmale der Sklaven mußten jedem deutlich
gemacht sein. Der Verkaufserlös floß in die Staatskasse
oder gehörte zum Beuteanteil des Heerführers. Privater
Handel mit kriegsgefangenen Sklaven war nicht zuläs-
sig.

Auch beim privaten Sklavenhandel hatte der Verkäufer
Vorzüge und Mängel des Sklaven anzugeben. Er mußte
den Käufer über frühere Krankheiten des Sklaven, über
eine eventuelle frühere Flucht des Betreffenden, über
Herkunft, Alter, Fachkenntnisse und Qualifikation infor-
mieren, auch ob er widerspenstig oder besonders gehor-
sam war.

Die Lage und die Behandlung der Sklaven

Der Sklave besaß keinerlei politische oder Bürgerrechte. »... er hatte kein Recht auf Familie, auf Eigentum, er durfte sich nicht an das Gericht wenden, Zeugenaussagen durfte er nur auf der Folterbank machen, er konnte keine Geschäfte in seinem eigenen Namen abschließen, konnte nicht an der Volksversammlung teilnehmen, keine Wahlämter bekleiden und nicht in der Armee dienen. Ein Sklave war absolut und bedingungslos das persönliche Eigentum seines Herrn, der völlig frei über sein Schicksal und sein Leben verfügte.«[48] Man konnte den Sklaven verschenken, verkaufen, vererben wie jede andere Sache. Er unterstand der Gewalt des Vorstehers der *familia,* des sogenannten *pater familias.*

Mühlenbetrieb.
Rechts Sklavin an einer Schwenkmühle;
in der Mitte Mehl siebende Sklavin,
der ein Mühlknecht nachschüttet;
links Junge, der den
an der Trichtermühle angeschirrten Esel antreibt

Die Sklaven waren in zwei Gruppen eingeteilt: in die landwirtschaftlich tätigen Sklaven *(familia rustica)* und in die in einer Stadt arbeitenden Sklaven *(familia urbana).* Unter den Haussklaven gab es Handwerker, Lehrer, Ärzte, Musikanten und verschiedene Verwalter. Sklaven betätigten sich auch als Schreiber, Archivare und Künstler. Auf Schiffen dienten Rudersklaven. Von Sklaven in Gladiatorenkasernen war schon die Rede. Sklaven arbeiteten in den Bergwerken. Staatssklaven und Sklaven, die die

Publikani gemietet hatten, wurden zu öffentlichen Arbeiten, z. B. Straßenbauten u. a., herangezogen.

Am schwersten wurden die Bergwerkssklaven und in der Landwirtschaft die Sklaven in den Getreidemühlen und Öl- und Weinpressen ausgebeutet. Eine strafweise Versetzung von Sklaven dorthin war nahezu ein Todesurteil. Auf einer Villenwirtschaft, in der Oliven angebaut wurden, arbeiteten auf 60 Hektar etwa 13 Sklaven, auf einem Weinberg von 25 Hektar Größe ungefähr 16 Sklaven. Härte der Ausbeutung, Rechtlosigkeit und Verachtung trennten die Sklaven von der freien Bevölkerung. Der Sklave galt nichts anderes als ein *instrumentum genus vocale,* d. h. als ein stimmbegabtes Werkzeug.[49]

Die Sklavenbesitzer entwickelten ein ganzes System von verschiedenen Strafen für die Sklaven. Schon für ein geringes Vergehen wurde ihnen die *furca,* ein Gabelholz, am Hals angelegt. Bei kleinen Versäumnissen wurden sie ausgepeitscht und mußten in Ketten gelegt arbeiten. In der Mühle drehten sie anstelle der Tiere die schweren Mahlsteine, ihnen wurden besondere Halsbänder angelegt, die sie hindern sollten, Mehl oder Getreide zu essen. Strafweise wurden auch Sklaven in Steinbrüche geschickt. Widerspenstige Sklaven und solche, die schon einmal einen Fluchtversuch gewagt hatten, wurden mit einem Brandmal auf der Stirn gekennzeichnet. Auf keinem Gut fehlte ein *ergastulum,* ein Sklavengefängnis, in dem sie schwere Handarbeit verrichten mußten. Man glaubte, von Sklaven nur dann die Wahrheit zu erfahren, wenn sie gefoltert würden. Zur Strafe wurden sie auch in der Zirkusarena zum Kampf gegen wilde Tiere geschickt, oder sie mußten als Gladiatoren kämpfen. Die am weitesten verbreitete Hinrichtungsart für Sklaven war die Kreuzigung. Es gab kein Leiden, das sich die Sklavenbesitzer nicht für ihre Sklaven ausgedacht hatten.

Gewiß war die Lage und die Behandlung der Sklaven niemals einheitlich. Es gab Sklaven, die ihren Herren in der Zeit der Bürgerkriege und der Proskriptionen auch auf der Folter den Häschern der Verfolger nicht verrieten. Andererseits machten Verwaltersklaven den ihnen unterstellten Sklaven zuweilen das Leben schwerer als ein Sklavenbesitzer. In späterer Zeit wurde es üblich, daß

Sklavenbesitzer Sklavinnen, die mindestens drei Kinder geboren hatten, freiließen. Aber so gut es einigen Sklaven in gehobener Stellung auch ging, allen war gemeinsam, daß das Recht des Herrn über ihr Leben und ihren Tod entschied und daß die Willkür des Herrn auch den Luxussklaven ans Kreuz bringen konnte.

Der römische Dichter Decimus Iunius Iuvenalis (um 60 bis nach 127 u. Z.) beschreibt in seiner sechsten Satire folgenden Zwischenfall, der auch für frühere Zeiten typisch war:

»»Schlage den Sklaven ans Kreuz!« – »Durch welches Verbrechen verdient' er aber den Tod? Wer bezeugt seine Schuld? Wer verklagt' ihn? O höre: Gilt es den Tod, so währt ein Verzögern doch niemals zu lange.« »Bist Du verrückt? Ist der Sklave ein Mensch?! Nichts tat er – von mir aus! Ich will's, also befehl ich's – und statt des Grunds steh mein Wille!«[50]

Werkstattstrafen.
Links droht der sitzende Meister
mit einem Besen dem Davoneilenden,
der abwehrend die Hand nach hinten streckt;
rechts wird mit einem Riemen
ein zur Erhöhung der Qualen
an vier Stricken aufgehängter Sklave gegeißelt

Städtischen Sklaven war es allerdings möglich, daß sie in einem Heiligtum um Asyl nachsuchten, um Schutz gegen besonders willkürliche Grausamkeiten ihrer Herren zu erbitten. Um solche Fälle hatten sich die Volkstribunen zu kümmern, die auch in die Wege leiten konnten, daß solche Sklaven dann an einen anderen Sklavenbesitzer verkauft wurden, von dem zu erwarten war, daß er seine

Sklaven nicht so ungerecht behandelte. Landwirtschaftlichen Sklaven, die auf den Villen oder Latifundien lebten,
war dagegen diese Möglichkeit verschlossen, da jedes
unerlaubte Verlassen des Gutes als Sklavenflucht geahn-
det wurde.

Alle Tendenzen, die in der späten Republik eine Erleichterung der Lage der Sklaven beeinflußten, bezogen
sich fast ausschließlich auf die städtischen Sklaven. Die
landwirtschaftlichen Sklaven wurden nicht davon berührt.
Aber gerade diese Sklaven bildeten zahlenmäßig den
Hauptteil und den am meisten ausgebeuteten Teil der
Sklavenklasse.

Die Ideologie der Sklaven

Die Geschichte ist auch in der römischen Sklavereigesellschaft von der herrschenden Klasse geschrieben worden;
daher wissen wir über die Ideologie der Sklaven sehr
wenig. In groben Umrissen können wir jedoch aus den
erhaltenen Bruchstücken, die etwas über die Ideologie der
Sklaven aussagen, erkennen, daß in den letzten zwei Jahrhunderten der römischen Republik der politisch-ideologi-
sche Kampf der Sklaven und der armen Freien an Bedeutung gewann. Dem allgemein niedrigen Entwicklungs-
stand der auf Sklaverei beruhenden Gesellschaftsordnung
entsprach es, daß sich dieser ideologische Kampf nur in
religiöser und moralisch-philosophischer Form äußern
konnte. In Kulten orientalischen Ursprungs, z. B. dem des
Sonnengottes, oder aber in mystischer Prophetie, in
»Offenbarungen« (Apokalypsen) und im Messiaskult
haben sich Reste dieses Kampfes in Gestalt sozialer
Utopien, die sich von der bestehenden sozialen Wirklichkeit nicht nur abhoben, sondern direkt ihr Gegenteil darstellten, erhalten. Zwar gab es soziale Utopien, seitdem es
Ausbeutung und Unterdrückung von Menschen gab. Aber
in Zeiten heftigsten Klassenkampfes der Sklaven gegen
ihre Besitzer kam es auch zu einem ideologischen Kampf
der Sklaven und armen Freien gegen die Sklavenbesitzer,
der ihre soziale Erhebung rechtfertigen sollte. Dabei wurde
die soziale Utopie auch politisch bewußte Ideologie. Eine
Voraussetzung dieser Form des Klassenkampfes bildete

ein wenn auch noch so primitives Klassenbewußtsein – ein Bewußtsein, genährt vom Wissen um die verlorengegangene Freiheit oder vom Wissen um die Unterdrückung und Ausbeutung durch Großgrundbesitzer und Wucherer.

Vor allem vom Sonnengott, dem Gott der Gerechtigkeit, erwarteten Sklaven, die aus dem östlichen Mittelmeerraum stammten, ihre Freiheit. Die Sonne selbst wurde als symbolisches Zeichen der Freiheit angesehen. Die Vorstellung vom gerechten Sonnengott, der die Welt im Feuergericht reinigt, der die Sklaven befreit, der der Not und dem Elend der Menschen ein Ende bereitet, erhielt im 2. und 1. Jahrhundert v. u. Z. zeitweilig die Bedeutung eines politischen Programms.

Im Bruchstück eines Romans des Jambulos über das Leben auf den Sonneninseln – irgendwo im Indischen Ozean gelegen –, geschrieben etwa zu Beginn des 2. Jahrhunderts v. u. Z., werden sozialutopische Gedanken geäußert, die sich vom wirklichen Dasein auf der Erde grundsätzlich unterscheiden: Es gibt dort ein gemeinschaftliches Leben, Gleichberechtigung der Frau, keine Sklaverei, auch keine Haussklaverei, keinen Reichtum des einzelnen, keine Armut, kein Elend, keine Not und keine Kriege. Aus östlichen Ländern stammende Wanderpriester, Traumdeuter, Wahrsager, Zukunftsdeuter verbreiteten diese Ideen im römischen Reich. Der schon erwähnte Cato erließ seinen Gutsverwaltern ausdrücklich das Verbot, jene Verbreiter östlicher Kulte zu konsultieren. Ihr Einfluß auf die Sklaven erschien den Sklavenbesitzern Roms als sehr gefährlich. Daher wurden diese Gruppen von Priestern auch mehrmals aus Rom und aus Italien offiziell ausgewiesen.

Als sich im kleinasiatischen Pergamon im Jahre 133 v. u. Z. Aristonikos an die Spitze eines Aufstandes von Sklaven und armen Freien gegen Rom stellte, nannte er seine Anhänger Heliopoliten, d. h. »Sonnenbürger« oder »Bürger des Sonnenstaates«. Es ist auch kein Zufall, daß in beiden sizilischen Aufständen syrische und kleinasiatische Sklaven die Führung innehatten, die Zukunftsdeuter und Propheten waren. Eunus, der Anführer des 1. Sizilischen Sklavenaufstandes, war ein Zukunftsdeuter im

Dienste einer syrischen Göttin, die als Gattin des Sonnengottes galt. Salvius, der Anführer des 2. Sizilischen
Sklavenaufstandes, war ebenfalls ein Wahrsager, und
Athenion, ein Unteranführer des Salvius, war ein Stern-
deuter. Von Spartacus wissen wir in dieser Beziehung
nichts, aber von seiner Frau, die er gehabt haben soll, wird
berichtet, sie sei eine Wahrsagerin gewesen.

Im 1. Jahrhundert v. u. Z. wurden auch andere östliche
geheime Kulte in den Ideenkreis der Sklaven und armen
Freien mit einbezogen, wenn damit antirömische Propa-
ganda verbunden war, darunter die jüdische Sibyllendich-
tung (Sibyllen nannte man Wahrsagerinnen) und die klein-
asiatisch-syrische Apokalypse. Der Sonnengott selbst, so
glaubte man, werde den Menschen ein neues »Goldenes
Zeitalter« eröffnen. Dann würden endgültig Gerechtigkeit,
Gesetzlichkeit, Eintracht, Liebe, Treue und Gastlichkeit
herrschen. Vor allem syrische Sklaven, die als Kriegsbeute
des Pompeius nach der Eroberung Syriens nach Rom
gelangten, brachten die apokalyptischen Prophezeiungen
von einem baldigen Untergang Roms nach Italien.

Diese Ideen kann man nicht schematisch auf alle Sklaven
übertragen. Solche und ähnliche Vorstellungen der sozialen Utopie waren in erster Linie bei Sklaven orientalischer
Herkunft verbreitet, die diese Gedanken schon kannten, als
sie noch Freie waren. Germanische oder keltische Sklaven
dagegen, die aus Gebieten stammten, in denen noch eine
urgesellschaftliche Lebensweise verbreitet war, wußten
mit Ideen dieser Art sicher wenig anzufangen. Auch städtische Sklaven, die sich mehr den Kulten und Vorstellungen ihrer Herren anpaßten, werden diese gefährlichen
Anschauungen abgelehnt haben. Viele Sklaven verehrten
die Götter, denen ihre Herren anhingen. Andere wiederum
suchten eine geistige Zuflucht bei Gottheiten, die Erfolg
und Glück versprachen, wie Fortuna und Merkur, oder in
Kulten, die besonders eng mit der *familia* verbunden
waren, wie dem Larenkult, der das Haus, das Herdfeuer
oder auch die ländlichen Kreuzwege beschützen sollte.
Hercules, der griechische Halbgott Herakles, wurde besonders von Sklaven und armen Freien verehrt, weil er
sein Gottsein erst nach mühseligen schweren Arbeiten
erwarb. Auch Feronia, eine Göttin, die mit der Freilassung

von Sklaven in Verbindung stand, hatte die Gunst der Sklaven. Ebenso gehörten Gottheiten des Landbaus, der Bodenfruchtbarkeit und des Waldes mit zu den von Sklaven bevorzugten Göttinnen und Göttern.

Wir dürfen uns nicht vorstellen, daß eine Politisierung durch utopische soziale Ideen die Masse der Slaven ergriffen hätte; denn die Klasse der Sklaven bildete weder sozial noch ideologisch eine Einheit.

Inschriften und andere Quellen beziehen sich fast ausschließlich auf städtische Sklaven. Landwirtschaftliche Sklaven, Sklaven in den Steinbrüchen oder in den Bergwerken verfügten nicht über Mittel, sich beispielsweise einen Grabstein setzen zu lassen oder eine Weihinschrift aufzustellen.

Frühere Sklavenaufstände im römischen Staat

Die antike Überlieferung berichtet, daß es schon in der frühen römischen Republik Sklavenverschwörungen gegeben habe. Doch steht die moderne historische Forschung dieser Schilderung von Erhebungsversuchen skeptisch gegenüber, da sie offensichtlich unter dem Eindruck späterer Sklavenaufstände verfaßt worden sind. Auch besaß die Sklaverei in Rom im ausgehenden 6. und im 5. Jahrhundert v. u. Z. nur eine geringe wirtschaftliche Bedeutung. Ganz ausgeschlossen ist es aber nicht, daß z. B. Sklaven der Römer mit auswärtigen Gegnern in Verbindung traten und außenpolitische Schwierigkeiten des römischen Stadtstaates für ihre Verschwörungen nutzten. Doch werden sie von den Behörden stets vorzeitig aufgedeckt.

Auch im 3. Jahrhundert v. u. Z. hatte es die herrschende Klasse Roms noch verhältnismäßig leicht, Sklavenerhebungen zu unterdrücken. So geschah es im Jahre 259 v. u. Z., als sich während des 1. Punischen Krieges (264−241 v. u. Z.) angeblich 3000 Sklaven zusammen mit 4000 Matrosen aus bundesgenössischen Kontingenten, die sich aus unterworfenen Samniten rekrutierten, verschworen und die Zerstörung der Stadt Rom planten. Aber dieser Plan wurde verraten und zunichte gemacht.[51]

Während des 2. Punischen Krieges (218–201 v. u. Z.) kam es im Jahre 217 v. u. Z. erneut zu einer kleinen Sklavenverschwörung in Rom, die nach dem Geschichtsschreiber Livius von einem karthagischen Spion, der schon zwei Jahre in der Stadt unerkannt gelebt hatte, angezettelt worden war. Fünfundzwanzig Sklaven, wahrscheinlich die Anführer, wurden gekreuzigt, nachdem ein Sklave die Verschwörung verraten hatte. Der Verräter erhielt dafür die Freiheit und eine größere Geldsumme.[52]

Sklaven bei der Arbeit in einem Weinkeller

Wie schon erwähnt, hatte die wirtschaftliche und soziale Bedeutung der Sklaverei nach dem 2. Punischen Krieg rasch zugenommen. Der Widerstand der Sklaven wurde hartnäckiger, die Sklavenaufstände nahmen schärfere Formen an, die sozialen Widersprüche spitzten sich zu. Als der 2. Punische Krieg beendet war, mußte Karthago Geiseln stellen. Die latinische Stadt Setia wurde ihnen als Aufenthaltsort zugewiesen. In dieser Stadt verbündeten sich im Jahre 198 v. u. Z. die Geiseln mit Sklaven, die wie sie karthagischer Herkunft waren und aus der römischen Kriegsbeute stammten. Römische und latinische Bürger Setias hatten diese Sklaven gekauft. Die Verschworenen schickten Boten in die benachbarten Städte Norba und Circeii, um auch dort die Sklaven zum Aufstand zu bewegen. An einem bestimmten Tage, an dem in Setia öffentliche Spiele für die Bürger veranstaltet wurden, wollte man sich erheben und die Stadt und danach auch die beiden Nachbarorte einnehmen. Wieder wurden die

Aktionen der Sklaven und Geiseln verraten. Der Stadt-prätor Lucius Cornelius Lentulus informierte den Senat, der ihn beauftragte, die Erhebung umgehend zu unter-drücken. Mit etwa 2000 Bewaffneten zog Lentulus nach Setia und richtete unter den Verschwörern ein grausames Blutbad an. Fast 2000 Menschen wurden hingerichtet. Einige Teilnehmer der Konspiration konnten jedoch flie-hen; sie wandten sich nach Praeneste, wo sie ebenfalls beabsichtigten, die Stadt mit Hilfe der dortigen Sklaven in ihre Gewalt zu bringen. Sofort eilte Lentulus wieder nach Praeneste und unterdrückte die Erhebung im Keime. Etwa 500 Aufständische wurden dort hingerichtet.[53]

Schon zwei Jahre später verschworen sich abermals Sklaven zu einem Aufstand in Etrurien. Diesmal wurde der Prätor Manlius Acilio Glabrio mit einer ganzen städtischen Legion entsandt, um die Erhebung niederzuschlagen. Er besiegte die Aufständischen im offenen Kampf, viele wurden getötet, andere gefangengenommen. Die An-führer erlitten den Kreuzestod, andere wurden den Sklavenbesitzern wieder zurückgegeben.[54]

Es war schon die Rede davon gewesen, daß sich seit Beginn des 2. Jahrhunderts v. u. Z. im süditalischen Apu-lien zahlreiche große Latifundienwirtschaften gebildet hatten, die sich vornehmlich mit der Viehzucht beschäf-tigten. Dort kam es in den Jahren 185 und 184 v. u. Z. zu einem bedeutenden Aufstand der Hirtensklaven. Das Zentrum dieser Bewegung lag im Gebiet von Tarent. Dorthin hatten sich zahlreiche Anhänger des in Rom im Jahre 186 v. u. Z. verfolgten religiösen Mysterienkultes des Gottes Bacchus zurückgezogen, der Freie und Sklaven gemeinsam vereinte. Bacchus war der griechische Gott Dionysos im römischen Gewande. Das Verbot dieser Kultfeiern richtete sich nicht schlechthin gegen den Kult des Dionysos oder Bacchus, sondern gegen die geheimen, unkontrollierbaren nächtlichen Zusammenkünfte seiner Anhänger. Die Kultstätten des Gottes hatten in Rom im Armenviertel in der Nähe des Aventin gelegen; ärmere Bevölkerungsschichten und Sklaven machten vor allem seine Anhänger aus. Der Geschichtsschreiber Livius hebt ausdrücklich die Verbindung zwischen den aufständischen Hirtensklaven in Apulien und den Flüchtlingen der

Bacchanalienprozesse hervor. Der Prätor Lucius Postumius Tempsanus hatte die Aufgabe, den Aufstand zu unterdrücken und die gerichtliche Untersuchung durchzuführen. Es wurden 7000 Menschen verurteilt; indessen gelang vielen die Flucht, aber viele sind auch hingerichtet worden.[55]

Die Zeit der großen, massenhaften Sklavenaufstände begann im letzten Drittel des 2. Jahrhunderts v. u. Z. In Sizilien hatte sich die Lage der in den Latifundien und Villenwirtschaften tätigen Sklaven erheblich verschlechtert. Sizilien war sehr fruchtbar und lieferte vor allem Getreide, Wein und Olivenöl nach Rom. Auch Viehzucht wurde in großem Umfange betrieben. Die römischen Großgrundbesitzer, Steuerpächter und Statthalter preßten riesige Reichtümer aus der unterworfenen Bevölkerung und aus den Sklaven heraus. Die Sklaverei hatte sich auf der Insel schon in vorrömischer Zeit entwickelt und besaß ein hohes Niveau. Das hatte aber zur Folge, daß die sozialen Widersprüche in Sizilien besonders hart aufeinander prallten. Während vor allem die Sklaven grausam behandelt wurden, die extensive Ausbeutung zunahm, schöpften die Reichen ein erhebliches Mehrprodukt ab, das im wesentlichen nicht im Lande verblieb, sondern nach Italien floß. Besonders seit der Mitte des 2. Jahrhunderts v. u. Z. hatten sich die Latifundien auf der Insel ausgebreitet. Sie waren vor allem in den Händen römischer Ritter, reicher Italiker, aber auch ein Teil der einheimischen Oberschicht war in den Kreis der Großgrundbesitzer aufgestiegen. Die Großgrundbesitzungen konzentrierten sich im östlichen Teil der Insel, wo deshalb auch besonders viele Sklaven benötigt wurden.

Der griechische Geschichtsschreiber Diodor, der aus Sizilien stammte (um 80 bis um 29 v. u. Z.), beschreibt die Lage der Sklaven: »Da die Sizilier ihr Vermögen sehr vergrößert und sich große Reichtümer erworben hatten, kauften sie eine Menge Sklaven zusammen. Diesen brannten sie, wenn sie aus den Sklavenzwingern in Scharen herausgetrieben wurden, sofort einen Stempel und Kennzeichen auf dem Körper ein. Die jüngeren von ihnen verwendeten sie als Hirten, die anderen, wozu sie gerade gebraucht wurden. Sie behandelten sie bei der Arbeit

Römische Handwerker und Sklaven bei der Arbeit

schlecht und kümmerten sich sehr wenig darum, was sie zu essen und was sie anzuziehen hatten. Deshalb verschaffte sich der größere Teil von ihnen seinen Lebensunterhalt durch Raub, und überall kam es zu Morden. Wie Truppen machten sich die Sklaven (überall – R.G.) breit. Die Prätoren versuchten, dem zwar zu wehren, wagten aber keine Strafen zu verhängen, weil die Herren, denen die Räuber gehörten, mächtig und einflußreich waren, und sahen sich daher gezwungen, untätig zuzusehen, wie in der Provinz geraubt wurde. Denn die meisten Besitzer waren römische Ritter... Da die Sklaven durch ein elendes Leben gepeinigt und vielfach durch Schläge in widersinniger Weise mißhandelt wurden, hielten sie es schließlich nicht mehr aus. Sie kamen also zusammen, wenn sich eine günstige Gelegenheit bot, und erörterten unter sich die Frage eines Aufstandes, bis sie den Plan in die Tat umsetzten.«[56]

Wieder waren es in erster Linie landwirtschaftliche Sklaven, unter ihnen viele Hirtensklaven, die die Ausbeutung am härtesten zu spüren bekamen. Diodor erzählt weiter von dem schändlichen Verhalten des Großgrundbesitzers Damophilos aus der Stadt Enna (Henna), die im Zentrum der Insel liegt: »Unter den Bürgern von Enna war ein gewisser Damophilos, ein sehr reicher und hochmütiger Mann, der bewirtschaftete ausgedehnte Ländereien und hatte unzählige Viehherden. Mit den auf Sizilien lebenden Italikern wetteiferte er nicht nur, was seinen Aufwand, sondern auch was die Zahl seiner Sklaven anbetraf und in der unmenschlichen und grausamen Art, wie er mit ihnen umsprang. Auf dem Lande fuhr er mit wertvollen Pferden, vierrädrigen Wagen und bewaffneten Sklaven umher. Dazu setzte er seinen Stolz darein, eine Menge wohlgeformter Sklaven und ein Gefolge von sittenlosen Schmeichlern zu haben. In der Stadt und in seinen Landhäusern stellte er getriebenes Silbergeschirr auf, ließ sich kostbare Purpurdecken anfertigen und gab Essen mit verschwenderischem und königlichem Aufwand und übertraf durch seine Verschwendung und seine Prachtentfaltung sogar den persischen Luxus; sein Hochmut aber kannte keine Grenzen. Denn er war sittenlos und ungebildet, und da er über Macht ohne Verantwortlichkeit und ein riesiges Vermögen verfügte, führte dies zuerst zu

Übermut, später zu Gewalttätigkeiten und brachte schließlich Verderben über ihn selbst und großes Unheil über seine Heimat. Denn er kaufte eine Menge Sklaven und behandelte sie gewalttätig; die Körper von Leuten, die in ihrer Heimat Freie gewesen waren, die aber das Unglück gehabt hatten, in Gefangenschaft und Sklaverei zu geraten, ließ er mit Brandeisen kennzeichnen. Die einen fesselte er mit Fußeisen und warf sie in seine Sklavenarbeitshäuser, die anderen machte er zu Hirten, gab ihnen aber weder die erforderlichen Kleider, noch die notwendigen Lebensmittel.

Es verging kein Tag, an dem Damophilos nicht in seinem Hochmut und seiner Grausamkeit einige seiner Sklaven aus nichtigstem Anlaß mißhandeln ließ. Seine Frau Megallis aber hatte ebensolche Freude an übertriebenen Peinigungen und behandelte ihre Dienerinnen und die Sklaven, die unter ihre Fuchtel gerieten, roh und gefühllos. Und weil sie von beiden mißhandelt und gepeinigt wurden, gerieten die Sklaven in Zorn über ihre Herren und meinten, daß sie kein schlimmeres Los treffen könnte, als sie es jetzt hätten.«[57]

Anfang der dreißiger Jahre des 2. Jahrhunderts v. u. Z. war es soweit. Wir wissen nicht genau, wann der Aufstand begann, da die chronologischen Angaben darüber undeutlich sind. Verschiedene moderne Historiker setzen ihn in das Jahr 139, 138, 137, die meisten aber in das Jahr 136 v. u. Z., dem wir auch in dieser Darstellung folgen.

Die Erhebung begann in der Stadt Enna. Eine Gruppe von 400 Sklaven bestimmte Eunus, einen syrischen Sklaven, zu ihrem Anführer. Die Aufständischen besetzten die Stadt Enna und töteten ihre ärgsten Peiniger, darunter Damophilos und seine Frau Megallis. Eunus, ein Priester der syrischen Göttin Atargatis, ließ sich zum König ausrufen und nahm den syrischen Königsnamen Antiochos an. Eunus verkündete, daß die Götter den Aufstand begünstigen würden und begann, einen Staat nach hellenistischem Vorbild zu organisieren.

Die Erhebung wurde auch dadurch gefördert, daß in Sizilien vor allem Sklaven syrischer und kleinasiatischer Herkunft lebten, die sich leicht untereinander verständigen konnten.

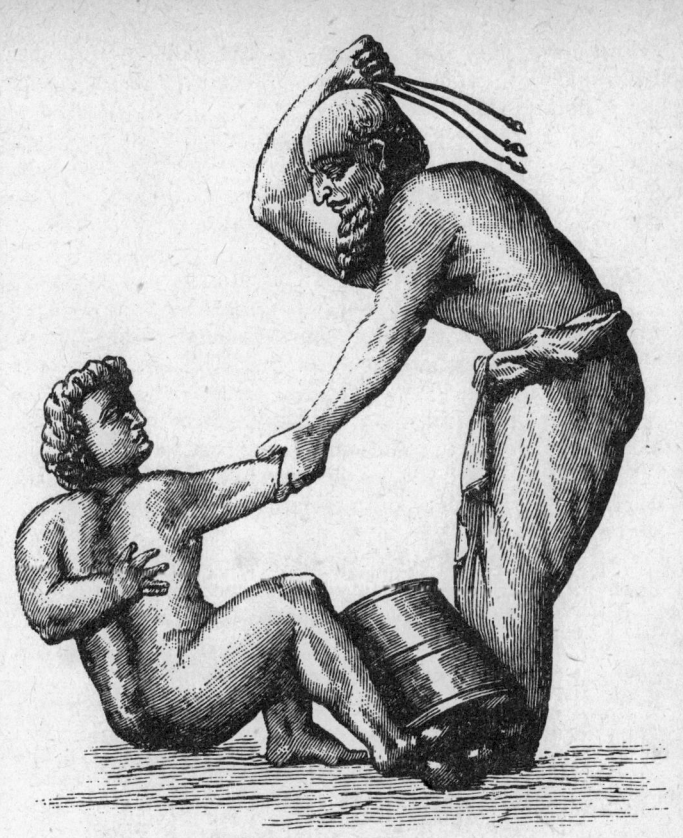

Geißelung eines Sklaven

Den Aufständischen ging es nicht um eine allgemeine Abschaffung der Sklaverei. Wer sich von den Sklaven dem Aufstand anschloß, wurde frei. Die ehemaligen Sklavenbesitzer wurden versklavt, darunter vor allem solche, die sich auf die Herstellung von Waffen verstanden. Die befreiten Sklaven bildeten eine Volksversammlung, und aus Leuten, die als besonders klug und gebildet galten, bildete Eunus-Antiochos einen königlichen Rat. In diesem Rat spielte Achaios, ein ehemaliger griechischer Sklave, eine besondere Rolle. Er zeichnete sich durch Energie, Einsicht und Tapferkeit aus, und Eunus-Antiochos übergab ihm das

Kommando über die Streitkräfte der Sklaven und die Leitung der militärischen Aktionen. In kurzer Zeit verfügten die Aufständischen über ein Heer von 10 000 Mann, mit dem sie auch erste Erfolge gegen die Römer erringen konnten. Allerdings hatte man noch zu wenig Waffen; das Sklavenheer war in erster Linie mit Äxten, Beilen, Schleudern, Sicheln, am Feuer gehärteten Holzspießen und Bratspießen ausgerüstet.

Während dieser Zeit hatte sich unter den Sklaven im südwestlichen Teil der Insel bei Agrigentum ein zweites Aufstandszentrum gebildet. Diese Sklaven hatten Kleon, einen kleinasiatischen Sklaven aus Kilikien, zu ihrem Anführer gewählt. Sein Heer war 5000 Mann stark. Die römischen und sizilischen Sklavenbesitzer hofften, daß sich beide Heere der Aufständischen im Kampf um die Führung der Erhebung bekämpfen würden, doch Kleon unterstellte sein Heer dem Befehl des Eunus-Antiochos und erkannte sein Königtum an.

Das vereinigte Sklavenheer beherrschte weite Teile im Zentrum, im Südwesten und im Osten der Insel. Einige kleinere Städte konnte es besetzen, darunter Tauromenium (Taormina) in der Nähe des Ätna, die die wichtigste Festung der Aufständischen wurde. Aber die großen und befestigten Städte konnten die Sklaven nicht einnehmen; denn die städtischen Sklaven schlossen sich dem Aufstand in der Regel nicht an. Dort blieb die römische Macht erhalten.

Die Sklaven zerstörten zwar die Latifundiensitze ihrer ehemaligen Herren, ließen aber die kleinen Villenwirtschaften und die Bauernhöfe unbehelligt. Diodor schreibt dazu: »Die Sklaven zündeten die kleinen Landgüter nicht an und vernichteten in ihnen weder den Hausrat noch die Vorräte an Früchten und rührten auch nicht jene an, die fortfuhren, sich mit der Landwirtschaft zu beschäftigen, der Mob jedoch, der sich als Sklaven ausgebend, in die Dörfer strömte, raubte nicht nur die Landgüter aus, sondern zündete sie auch an.«[58]

In kurzer Zeit verstärkte sich das Sklavenheer erheblich. Die antiken Schriftsteller geben widerspüchliche Zahlen darüber an; Livius nennt 70 000 Mann, die unter Waffen standen, Diodor sogar 200 000 Mann. Aber vielleicht waren mit der letzteren Zahl die Gesamtheit aller Aufständischen, einschließlich Frauen und Kinder, gemeint. Während des Höhepunkts des Aufstandes waren auch die Städte Katana (Catania) und Messana (Messina) in den Händen der Sklaven.

Der römische Staat entsandte zunächst mehrere Prätoren zum Kampf gegen die Aufständischen. Aber sie unterlagen sämtlich den Sklaven in offenen Feldschlachten. Rom hatte in Sizilien keine Legionen stationiert, die Prätoren kamen ohne Truppen nach Sizilien und hoben militärische Kontingente unter den dort lebenden römischen Bürgern und unter der Provinzialbevölkerung aus. Doch diese Milizen wurden von den Sklaven nacheinander rasch besiegt. Der Umstand, daß die römischen Elitetruppen mit ihren erfahrensten Anführern in diesen Jahren in Spanien kämpften und daher zur Niederwerfung des Sklavenaufstandes nicht zur Verfügung standen, war den Sklaven günstig. Der Staat der aufständischen Sklaven konnte sich sogar festigen. König Antiochos ließ Bronzemünzen mit seinem Namen und mit seinem Bilde prägen.

Münze des Eunus-Antiochos

134 v. u. Z. wurde der Konsul Gaius Fulvius Flaccus und 133 v. u. Z. der Konsul Lucius Calpurnius Piso vom römischen Senat mit der Niederwerfung des Sklavenaufstandes beauftragt. Die Römer errangen zwar kleinere Teilerfolge, aber es gelang ihnen nicht, in einer Entscheidungsschlacht die Hauptmasse des Sklavenheeres zu vernichten. Die Aufständischen kämpften tapfer und heldenmütig. Unverrichtetersache mußten die beiden Konsuln wieder nach Rom zurückkehren.

Im Jahre 132 v. u. Z. kam es jedoch zu einer Wendung. Ein Jahr vorher konnten die Römer ihren Krieg in Spanien siegreich beenden, und mit dem Konsul Publius Rupilius stand ihnen ein erfahrener Heerführer zur Verfügung. Rupilius besiegte die Sklaven in mehreren Schlachten, belagerte dann die starke Festung Tauromenium, die er durch Verrat einnehmen konnte. Dann zog er vor Enna, der Hauptstadt des Sklavenstaates. Nach langer Belagerung, bei der Kleon während eines Ausfalls der Verteidiger fiel, konnte er auch diese Stadt durch Verrat einnehmen. Eunus-Antiochos suchte mit 1000 Getreuen zu entkommen, wurde jedoch von den Römern eingeholt und in der Stadt Morgantina (Morgantium) in den Kerker geworfen, wo er bald darauf starb.

Verrat und Hunger waren die Bundesgenossen der Römer, im Herbst des Jahres 132 v. u. Z. war der Aufstand niedergeworfen, und die römischen Sklavenbesitzer waren wieder Herren ihrer reichen Provinz.

Die zeitweiligen Erfolge des 1. Sizilischen Sklavenaufstandes wurden auch in anderen Gegenden des Mittelmeeres bekannt. An verschiedenen Orten verschworen sich Sklaven gegen ihre Ausbeuter. In Rom schlossen sich 150 Sklaven heimlich zusammen, doch wurde dies bekannt und die Erhebung durch rasches Eingreifen der Behörden im Keim erstickt. Im Gebiet der latinischen Hafenstadt Minturnae empörten sich Sklaven; 450 wurden gekreuzigt. Noch ernster war eine Erhebung von Sklaven in der im latinisch-kampanischen Grenzgebiet liegenden Hafenstadt Sinuessa, an der etwa 4000 Sklaven beteiligt waren. Der Aufstand wurde rasch und grausam unterdrückt.

Über 1000 Sklaven empörten sich in den Silberbergwerken von Laurion auf der Halbinsel Attika in Griechenland. Auf der Insel Delos, die schon als wichtiger Umschlagplatz für den Sklavenhandel genannt wurde, erhoben sich die Sklaven, und nach Diodor brachen auch an vielen anderen Orten lokale Aufstände aus, die aber allesamt schnell und blutig unterdrückt werden konnten.

Der 1. Sizilische Sklavenaufstand war die bis dahin bedeutendste Sklavenerhebung der römischen Geschichte. Diodor kommt darüber zu folgender Einschätzung: »Nie hatte es einen so gewaltigen Sklavenaufstand gegeben, wie er in Sizilien entstanden war, durch den viele Städte in furchtbare Not gerieten, unzählige Männer und Frauen mit ihren Kindern in das größte Unglück gebracht und die ganze Insel in die Gewalt entlaufener Sklaven zu geraten drohte, die sich als Ziel ihrer Herrschaft den vollständigen Ruin der freien Bevölkerung gesetzt hatten. Für die meisten kam dies unerwartet und überraschend; wer dagegen zu einem gründlichen Urteil über die Dinge fähig war, meinte, daß dies alles nicht ohne Grund geschehe. Denn infolge des übermäßigen Wohlstandes derer, die die herrliche Insel ausbeuteten, verfielen fast alle, gestützt auf ihren Reichtum, zuerst in Üppigkeit, danach in Überheblichkeit und Übermut. So wuchs in demselben Grade, wie durch dies alles die Behandlung der Sklaven noch schlechter wurde, auch deren Widerwille gegen ihre Herren, bis schließlich einmal in einem günstigen Augenblick der Haß zum Durchbruch kam. Daher rotteten sich ohne jede Aufforderung viele Zehntausende von Sklaven zusammen, um ihre Herren zu vernichten.«[59]

So sehr auch aus diesen Worten der Standpunkt der herrschenden Klasse deutlich wird, so sehr wird darin auch die Meinung offenkundig, daß der Staat den Mißhandlungen und Peinigungen der Sklaven durch ihre Herren nicht weiter untätig zusehen dürfe, wenn sich nicht solche Dinge wiederholen sollten − eine Ansicht, die sich allerdings erst später in der frühen Kaiserzeit allgemein verbreiten und rechtswirksam werden sollte.

Ein zweiter Aufstandsherd bildete sich im Jahre 133 v. u. Z in Kleinasien, im Staat von Pergamon. In diesem Jahre war Attalos III., König von Pergamon (138−133 v. u. Z.), kinderlos verstorben und hatte testamentarisch das Land dem römischen Staat vererbt. Im pergamenischen Staat schwelten schon seit einiger Zeit Funken sozialer Unzufriedenheit. Römische Kaufleute und Wucherer beuteten die unteren Schichten der freien Bevölkerung aus, und die Widersprüche der Sklaverei verschärften sich.

Gegen die testamentarische Erbschaft erhob sich sogleich ein unehelicher Sohn des vorletzten pergamenischen Königs Eumenes II. (197−159 v. u. Z.) und Halb-

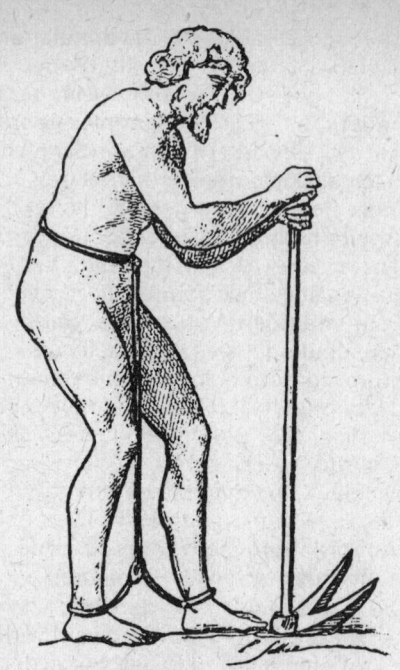

Gefesselter Sklave

bruder des verstorbenen Königs Attalos III. Infolge der gärenden sozialen Unruhen glaubte die herrschende Klasse Pergamons, die sozialen Probleme nicht mehr selbst bewältigen zu können und war mit der Übergabe der Macht an Rom einverstanden. Die Sklaven und armen Freien der Städte und auf dem Lande sahen aber darin eine Zunahme ihrer Unterdrückung, und als der erwähnte Halbbruder Attalos' III., Aristonikos, die Sklaven aufrief, für ihre Freiheit zu kämpfen, und den armen Freien soziale Besserstellung versprach, folgten sie ihm in Massen. Sie waren im pergamenischen Staat, wo es zahlreiche griechische Städte gab, in den königlichen Werkstätten und Domänen sowie von den reichen städtischen Sklavenbesitzern erheblich ausgebeutet und unterdrückt worden.

Die Motive des Aristonikos, der sich mit Hilfe der Sklaven und armen Freien eine Massenbasis schuf, mit der er den

Thron zu erlangen suchte, sind in diesem Zusammenhang zweitrangig. Tatsache ist, daß er mit seinem Aufruf einen allgemeinen Aufstand der Sklaven und aller sozial Unzufriedenen auslöste, der den Römern, die die reiche Erbschaft natürlich schnell und gern übernehmen wollten, schwer zu schaffen machte und erst in den Jahren 130/129 v. u. Z. wieder unterdrückt werden konnte.

Aristonikos gewann rasch große Teile des Landes für sich. Die Herrschenden verschiedener Städte, darunter die der Hauptstadt Pergamon, suchten dem Aufstand dadurch zu begegnen, daß sie von sich aus den unteren Schichten und den Sklaven soziale Zugeständnisse bewilligten, zu denen sie vorher nicht bereit gewesen waren. So wollten sie die Unzufriedenen davon abhalten, das Heer des Aristonikos zu vergrößern. Mit diesem Schachzug gelang es den herrschenden Kreisen der meisten pergamenischen Städte, der sozialen Bewegung des Aristonikos Widerstand zu leisten. Als dann etwa zwei Jahre später römische Truppen landeten, öffneten diese Städte ihnen willig die Tore und wurden eine Stütze der römischen militärischen Operationen. Nur die Stadt Phokaia trat freiwillig auf die Seite des Aristonikos.

Dieser gewann einen Teil der pergamenischen Flotte für sich. Ein anderer Teil der Flotte jedoch, der in Ephesos stationiert war, erwies sich als stärker und schlug ihn 132 v. u. Z. in einer Seeschlacht bei Kyme. Darauf zog sich Aristonikos mit seinen Aufständischen ins Innere des Landes zurück. Er legte sich den pergamenischen Königsnamen Eumenes bei und ließ eigene Münzen prägen. Die benachbarten Könige anderer kleinasiatischer Staaten, von Bithynien, Paphlagonien, Pontos und Kappadokien, sahen durch den Aufstand ihre Herrschaft gefährdet und schickten Truppen gegen Aristonikos, gegen die er sich aber zu behaupten wußte. Außerdem suchten diese Staaten, die schon längst unter römischem politischem Einfluß standen, damit Rom gefällig zu sein.

Der Aristonikosaufstand ist deshalb für uns von besonderem Interesse, weil wir dort an einem einzelnen Beispiel erkennen können, wie Ideen der sozialen Utopie der Sklaven und armen Freien die Form eines sozialen Programms annehmen konnten (siehe S. 62). Der griechische Geograph und Geschichtsschreiber Strabon (um 64 v. u. Z. bis um 20 u. Z.) berichtet darüber, daß Aristonikos nach der Niederlage von Kyme in das Landesinnere entwichen sei und »in aller Eile eine Menge von Armen und Sklaven sammelte, die zur Freiheit aufgerufen waren, die er Heliopoliten nannte«.[60]

Aristonikos griff damit auf eine im hellenistischen Osten weit verbreitete Vorstellung zurück, die im Sonnengott den »Gott der Gerechtigkeit« sah. Von diesem Gott erhofften die Sklaven und unteren freien Schichten die Wiederkehr des »Goldenen Zeitalters«. Aristonikos wollte einen Staat gründen, der auf Gerechtigkeit basieren und allen Unterdrückten eine Heimstatt werden sollte. Die Freilassung der Sklaven, die sich ihm anschlossen, war ein erster Schritt zur Verwirklichung dieses Plans.

In diesem Zusammenhang sei erwähnt, daß der stoische Philosoph Blossius von Cumae, der in Italien den Tiberius Sempronius Gracchus im Jahre 133 v. u. Z. bei seinem Agrarreformprogramm beraten hatte und nach der gewaltsamen Niederschlagung dieser sozialen Bewegung (siehe S. 93 f.) zu Aristonikos nach Kleinasien geflohen war, an der Ausarbeitung dieser Vorstellungen einen Anteil hatte. Die griechische philosophische Schule der Stoa besaß materialistische Tendenzen und suchte allgemein gültige sittliche Werte für die Menschen aufzustellen. Von Blossius ist sonst nichts Näheres bekannt, da er keine eigenen Schriften hinterlassen hat.

Der römische Staat war im Jahre 133 v. u. Z. noch nicht in der Lage, sogleich ein starkes Heer nach Pergamon zur Unterdrückung des Aufstandes zu entsenden. Das römische Heer stand noch in Spanien und belagerte die Stadt Numantia, und außerdem war erst der Aufstand in dem näher als Kleinasien gelegenen Sizilien zu unterdrücken. Deshalb schickte der römische Senat zunächst eine Fünferkommission unter der Leitung des Publius Cornelius Scipio Nasica Serapio nach Pergamon, die dort im Jahre 132 v. u. Z. eintraf. Sie bereitete das Eintreffen des römischen Heeres vor und leitete die militärischen Aktionen der Städte und der verbündeten kleinasiatischen Könige gegen Aristonikos, der sich als ein geschickter Heerführer erwies.

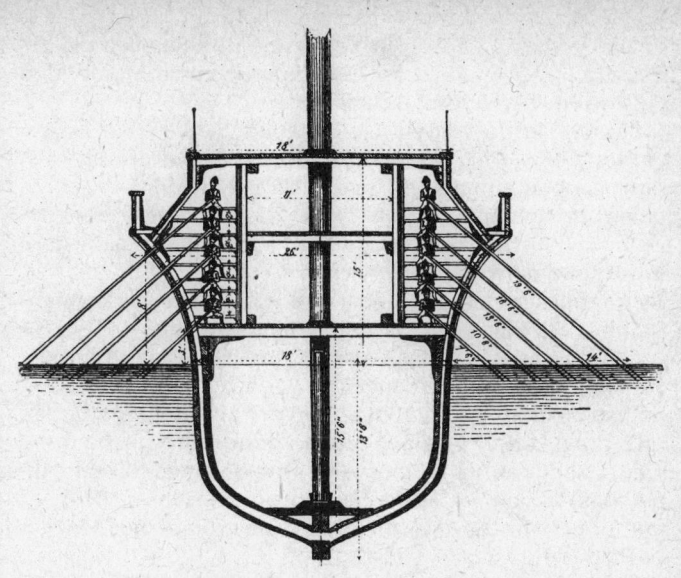

Querschnitt eines römischen Schiffes.
Die Rudersklaven waren angekettet

Im Jahre 131 v. u. Z. traf dann ein römisches Heer unter der Führung des Konsuls Publius Licinius Crassus Mucianus ein. Jetzt wurde der Kampf härter. Jedoch zeigte sich die Kriegskunst des Aristonikos, als der römische Konsul mit seinem Heer im Jahre 130 v. u. Z. die von den Aufständischen verteidigte Küstenstadt Leukai (in der Nähe von Smyrna) belagerte. In einem Ausfall der Belagerten wurde das römische Heer zersprengt, und Crassus fand dabei den Tod. Noch im gleichen Jahre sandte der römische Senat den Konsul Marcus Perperna in das Kampfgebiet. Dieser ordnete und verstärkte das römische Heer und schloß die Aufständischen in der Stadt Stratonikeia (in Karien) ein. Nach langer Belagerung mußten sie sich ergeben, Aristonikos geriet in römische Gefangenschaft, wurde nach Rom gebracht und im Gefängnis erwürgt. Blossius von Cumae verübte Selbstmord. Die Reste des Aufstandes in Pergamon vernichtete im Jahre 129 v. u. Z. der römische Konsul Manlius Aquilius. Der Traum von einem gerechten Staat, in dem Freie und Sklaven gleichberechtigt nebeneinander leben sollten, zerstob unter den Fußtritten römischer Legionäre.

Sieben Jahre hatten die Sklaven Siziliens und Pergamons erfolgreich gegen die Römer gekämpft und den Beweis gegeben, daß die große römische Militärmacht in einem gerechten Krieg der Unterdrückten besiegbar war. Wenn sie auch schließlich der römischen Übermacht, dem Verrat und dem Hunger erlagen, so sprach man über ihre Siege und berichtete über ihre erfolgreichen tapferen Kämpfe auch noch in späteren Generationen.

Der militärische Sieg der römischen Truppen über die Sklaven und armen Freien hatte das soziale Problem nicht gelöst. Aber in Rom glaubte man, mit den alten Methoden und Praktiken der Sklavenbehandlung und -ausbeutung weiter regieren zu können. Die Gefahr eines neuen Aufstandes schien in weite Ferne gerückt, wenn nicht für immer gebannt zu sein, bis neue Erhebungen die Sklavenbesitzer eines Besseren belehrten.

Kurze Zeit vor dem 2. großen Sizilischen Sklavenaufstand, der im Jahre 104 v. u. Z. begann, bildete sich in Nuceria, im südlichen Kampanien, eine kleine Verschwörung von 30 Sklaven, und in der Nähe von Capua schlossen sich 200 Sklaven zusammen. Mit diesen Erhebungen wurden jedoch die örtlichen römischen Behörden leicht fertig. Schwieriger wurde es schon mit der Niederwerfung eines Sklavenaufstandes, den der römische Ritter Titus Vettius kurz darauf organisierte. Dieser hatte sich in eine Sklavin verliebt, aber nicht das Geld besessen, sie dem Eigentümer abzukaufen. Er setzte sich an die Spitze seiner eigenen Sklaven, die er bewaffnete, und überfiel benachbarte Landgüter. Bald zählte seine Truppe 3500 Mann. Jetzt wurde man in Rom auf diese Begebenheit aufmerksam und entsandte den Prätor Lucius Lucullus gegen diese Erhebung. Mit 4400 Mann zog Lucullus gegen die Sklaven, die in der Nähe von Capua einen Hügel befestigt hatten. Zunächst blieben die Sklaven siegreich, doch Lucullus bestach den militärischen Anführer des Vettius, Apollonius. Er versprach ihm die Freiheit, wenn er Vettius ausliefern würde. So geschah es auch, Vettius verübte Selbstmord, alle Aufständischen aber wurden hingerichtet.[61]

Das alles war aber nur ein kleines Vorspiel gegenüber den Ereignissen, die sich nun wieder in Sizilien abspielten.

Im Oktober 105 v. u. Z. war ein römisches Heer bei Arausio (Orange) in Südfrankreich von den germanischen Kimbern vernichtet worden. Als der römische Heerführer Gaius Marius im Jahre 104 v. u. Z. sein zweites Konsulat antrat und den Oberbefehl im Kampf gegen die germanischen Stämme der Kimbern, Teutonen und Ambronen erhielt, befand sich die Nordflanke des römischen Imperiums in einer schwierigen Lage. Das dort befindliche Heer existierte nicht mehr, und andere römische Legionen befanden sich nach der Beendigung des Jugurthinischen Krieges (111—105 v. u. Z.) noch in Nordafrika, um Sicherungsaufgaben wahrzunehmen. Da die eigenen italischen Kräfte nicht ausreichten, um den Norditalien bedrohenden germanischen Stämmen ein neues schlagkräftiges Heer entgegenzustellen, wandte sich Marius an den Senat mit dem Anliegen, Hilfstruppen aus den mit Rom verbündeten Staaten herbeirufen zu können. Der Senat stimmte zu, und so wandte sich Marius auch an den König Nikomedes von Bithynien in Kleinasien mit der Aufforderung, ihm schnellstens Truppenkontingente nach Italien zu senden. Die Antwort des bithynischen Königs entbehrt nicht einer gewissen Ironie, als er erklärte, daß fast alle seine Untertanen bereits von den römischen Steuerpächtern und Wucherern in die Sklaverei geschleppt worden wären und er deshalb dieser Aufforderung nicht nachkommen könne. Wahrscheinlich hatten die römischen Kaufleute sie an kilikische Piraten verkauft, die sie wiederum auf den verschiedenen großen Sklavenmärkten des östlichen Mittelmeeres absetzten. Der Senat beschloß deshalb, umgehend eine Untersuchung vorzunehmen und alle Bürger verbündeter Staaten, die in Italien und in den römischen Provinzen ungesetzlich in die Sklaverei gepreßt worden waren, wieder freizulassen.

Es ist nicht überliefert, ob und wie dieser Senatsbeschluß in Italien und in den Provinzen allgemein in die Tat umgesetzt worden ist. In Sizilien jedoch löste er eine gewaltige Sklavenerhebung aus.

Der römische Statthalter von Sizilien, Publius Licinius

Nerva, folgte zunächst der Aufforderung des Senats und ließ in wenigen Tagen 800 Sklaven frei. Das beweist, daß viele Sklaven in Sizilien kleinasiatischer Herkunft waren. Als er die Überprüfungen und Freilassungen fortsetzen wollte, gerieten die sizilischen Großgrundbesitzer in Aufregung und bestachen den Statthalter, so daß die Freilassungen nicht weitergeführt wurden. Darauf erhoben sich die betrogenen Sklaven, die bereits die Rückkehr in ihre Heimat erhofft hatten, an verschiedenen Stellen der Insel.

In der Nähe von Syrakus verschworen sich zunächst 30 Sklaven und töteten ihre Herren. Sie gewannen andere Sklaven in der Umgebung, und bald waren es schon 200 Sklaven, die sich auf einem Hügel verschanzt hatten. Doch dieser Aufstandsherd konnte sich nicht ausweiten. Die örtlichen Kräfte des Statthalters genügten, um die Bewegung grausam zu unterdrücken. Fast alle Aufständischen fanden dabei den Tod.

Im Herbst des Jahres 104 v. u. Z. kam es in der Nähe der Stadt Heraclea, im Westteil der Insel, zu einem neuen Aufstand. Auch bei Halikyai, Segesta und Lilybaeum versammelten sich aufständische Sklaven. Nerva wandte sich mit wenigen Kräften nach Heraclea, wo die Sklavengruppe bereits auf 2000 Mann angewachsen war und ihre Stellungen befestigt hatte. Die Aufständischen schlugen die Truppen des Statthalters und errangen einen wichtigen Sieg. Jetzt breitete sich die Erhebung rasch weiter aus, und in kurzer Zeit war das Sklavenheer etwa 6000 Mann stark. Ähnlich wie im 1. Sizilischen Sklavenaufstand veranstalteten die Aufständischen eine große Volksversammlung und wählten den Sklaven Salvius, vermutlich auch syrischer Herkunft wie Eunus, zu ihrem König. Als König legte sich Salvius den syrischen Königsnamen Tryphon bei. Ebenso wie Eunus umgab sich auch Salvius-Tryphon mit einem Kreis von Ratgebern. Unter seinen Mitsklaven war Salvius angesehen, weil er ein ihnen bekannter Weissager aus den Eingeweiden von Opfertieren war.

Eine der ersten Maßnahmen des Salvius-Tryphon bestand darin, die militärische Organisation der Aufständischen zu verbessern. Das Heer wurde in drei Abteilungen eingeteilt. An der Spitze jeder Abteilung stand ein Kommandeur, den der Sklavenkönig persönlich ernannt hatte. Diese Abteilungen sollten das Land durchstreifen, den Gegner erkunden, militärische Übungen vornehmen. Die Kommandeure sollten von Zeit zu Zeit zu Beratungen zusammenkommen. Es ging darum, die ländlichen Gebiete der Insel systematisch in den Aufstand einzubeziehen und die Krieger an militärische Disziplin zu gewöhnen. Das Heer bestand inzwischen aus 20 000 Fußsoldaten und 2000 Reitern.

Salvius brauchte eine Hauptstadt des neuen Sklavenstaates, möglichst einen befestigten, schwer einnehmbaren Ort. Mit seiner Armee zog er deshalb vor die Stadt Morgantina und begann mit deren Belagerung. Der Statthalter Publius Licinius Nerva, der von diesem Plan der Aufständischen erfahren hatte, zog mit einem Heer von 10 000 Mann nach Morgantina, um die städtischen Sklavenbesitzer bei der Verteidigung der Stadt zu unterstützen. Es gelang den Römern, das Lager der Aufständischen einzunehmen und zu plündern. Aber im Gegenstoß nahmen die Sklaven das Heer des Nerva in die Zange. Durch einen Herold ließ Salvius den römischen Soldaten verkünden, daß er alle schonen werde, die ihre Waffen niederlegen würden. Römische Legionäre hätten dies Angebot mit Verachtung zurückgewiesen, aber die im Kriegshandwerk wenig geübten Provinzialmilizen, die dem Statthalter nur zur Verfügung standen, hatten ein geringes Interesse, ihr Leben für den römischen Staat aufs Spiel zu setzen. 600 tote Römer blieben auf dem Platz, aber 4000 Soldaten ergaben sich den Aufständischen, die sich mit deren Waffen aufs beste ausrüsten konnten.

Die Aufständischen setzten nun die Belagerung von Morgantina fort. Doch die Stadt besaß sehr feste Mauern, und die Belagerer gerieten in Schwierigkeiten. Da versuchte Salvius die Verteidigung mit einem Appell an die Solidarität der städtischen Sklaven zu schwächen. Er versprach ihnen die Freiheit, wenn sie zu ihm überlaufen würden. Aber die Sklavenbesitzer von Morgantina versprachen ihrerseits den Sklaven die Freiheit, wenn sie die Verteidigung der Stadt unterstützen würden. Die städtischen Sklaven zögerten nicht lange bei ihrer Wahl: sie stellten sich auf die Seite ihrer Herren.

Das Beispiel zeigt erneut, daß es kaum eine Interessengemeinschaft zwischen den ländlichen und den städtischen Sklaven gab. Die städtischen Sklaven, die in den Haushalten und Werkstätten arbeiteten, wollten lieber ihre Freiheit von ihren Herren erhalten, als daß sie sich den Aufständischen anschlossen. Diese Uneinigkeit der Sklavenklasse war mit eine der Ursachen für den letztlichen Mißerfolg des Aufstandes.

So konnte die Stadt gehalten werden. Doch als die städtischen Sklaven die Erfüllung des ihnen gegebenen Versprechens forderten, erklärte der Statthalter im Einvernehmen mit den Sklavenbesitzern das Versprechen für ungültig, da es unter den gegebenen Umständen erzwungen worden sei. Viele Sklaven verließen daraufhin noch nachträglich die Stadt und schlossen sich der Erhebung an.

Etwa zur gleichen Zeit, als das Heer des Salvius Morgantina belagerte, hatte sich im äußersten Westen der Insel aus verschiedenen kleinen Gruppen von Aufständischen ein zweites bedeutendes Sklavenheer gebildet. Die Führung hatte dort der kleinasiatische Sklave Athenion aus der Landschaft Kilikien inne. Auch er galt als ein Mensch, der mit den Göttern in gutem Einvernehmen stand: aus der Konstellation der Sterne suchte er die Zukunft zu deuten. Die Masse der ländlichen Sklaven wollte nicht mehr unter den unmenschlichen Bedingungen der Sklaverei leben. So gelang es Athenion allein in fünf Tagen bereits 1000 Mann um sich zu scharen. Wie Salvius wurde auch Athenion von seinen Getreuen zum König ausgerufen.

Athenion erwies sich als ein besonders tüchtiger Heerführer. Als Sklave war er Verwalter eines Landgutes gewesen; seine organisatorischen Erfahrungen kamen jetzt den Aufständischen zugute. Nach seinen ersten Erfolgen strömten ihm Tausende von unzufriedenen Sklaven zu. Aber Athenion wählte nur die Tauglichsten für den Heeresdienst aus, die anderen sollten weiterhin das Vieh hüten oder die Äcker bebauen, damit die Heeresversorgung der Empörer gesichert war. Die aufständischen Sklaven, die weiterhin das Land bebauten und das Vieh hüteten, sollten für alles ihnen Anvertraute so sorgen, als ob es ihr eigener Besitz wäre. Leider wissen wir nicht, in welchem Umfange sich damit auch die Eigentumsverhältnisse änderten. Sicher haben die Aufständischen nicht die kleinen Bauernwirtschaften in Besitz genommen, denn es ist überliefert, daß sich viele verarmte Bauern ebenfalls den Aufständischen anschlossen. Es werden die Latifundien auf der Insel gewesen sein, die nun von den Aufständischen bebaut wurden und deren Viehherden sie gehütet haben. Von einer gemeinsamen Verwaltung dieser Ländereien durch die aufständischen Sklaven ist uns nichts bekannt. Wahrscheinlich war es das Ziel der bäuerlichen Sklaven, kleine selbständige Ackerbauern zu werden.

Oben: Besuch des Gutsherrn
bei erschreckten, Eifer mimenden Ackerbausklaven.
Links tritt er ins Bild, vom Großknecht begrüßt;
ein bärtiger Alter hackt;
der Pflüger treibt das gutsherrliche Maultiergespann an;
ein bärtiger Sklave eilt, sich ängstlich-neugierig umschauend,
die Ankunft zu melden, zum Sämann;
dann folgt ein die Saat eintretender Esel
Unten: Zwei Begleiter
eines mit Ölamphoren beladenen Maultierkarrens
wenden sich nach dem Gutsherrn um

Bald besaß auch Athenion ein Heer in der Stärke von 10 000 Mann. Mit dieser Armee zog er vor die große Hafenstadt Lilybaeum. Lilybaeum — eine ebenfalls stark befestigte Stadt — war schon während des 1. Punischen Krieges eine der Hauptstützen der karthagischen Macht in Sizilien gewesen. Trotz großer Anstrengungen konnten die Aufständischen die Stadt nicht einnehmen. Athenion gab die Belagerung auf, kurz bevor mauretanische Hilfstruppen von der Seeseite die Stadt erreichten, um die Belagerten zu unterstützen.

In dieser Zeit, noch im Jahre 104 v. u. Z. konsolidierte sich der Sklavenstaat, und Sizilien ging bis auf die großen Küstenstädte den Römern verloren. Salvius wiederholte die Belagerung von Morgantina, und dieses Mal hatte er Erfolg. An der Spitze eines 30 000 Mann starken Heeres besetzte er die fruchtbaren Ebenen von Leontinoi. Der 2. Sizilische Sklavenaufstand erreichte seinen Höhepunkt.

Nun bemühte sich Salvius um die Vereinigung der beiden Sklavenheere. Er bot Athenion das Amt eines Befehlshabers der aufständischen Truppen an, und wie seinerzeit Kleon im ersten Aufstand ordnete sich auch Athenion dem gemeinsamen Interesse unter und unterstellte sein Heer dem Salvius. Das vereinigte Sklavenheer eroberte darauf die feste Stadt Triokala, die die neue Hauptstadt des Sklavenstaates wurde. Triokala war eine Bergfestung im Zentrum der Insel. Salvius und Athenion ließen eine Mauer um die Festung errichten. Im Innern der Stadt wurde ein Königspalast als Residenz für Salvius-Tryphon gebaut; auch ein Versammlungsplatz für Volksversammlungen wurde angelegt. König Tryphon legte sich eine Amtstracht an, in der römische und hellenistische Züge enthalten waren: ein griechischer Herrschermantel und die römische Toga mit breiten Purpurstreifen. Vor ihm her schritten nach römischen Vorbild Liktoren.

Inzwischen war das Jahr 103 v. u. Z. angebrochen. Marius bereitete sich in Norditalien auf den Entscheidungskampf mit den germanischen Stämmen vor. Der Statthalter des Vorjahres auf Sizilien, Publius Licinius Nerva, wurde abgelöst. Sein Nachfolger wurde Lucius Licinius Lucullus, der ein Jahr vorher die Sklavenerhebung des Titus Vettius in Unteritalien unterdrückt hatte. Mit einem Heer von 17 000 Mann suchte er den Aufständischen ihre sizilische Beute wieder abzujagen.

Bei dem Städtchen Skirthaia kam es zur offenen Feldschlacht. Zunächst wogte der Kampf unentschieden hin und her. Da wagte Athenion einen tollkühnen Reiterangriff. Mit 200 Berittenen stieß er tief in das römische Heer, und die Attacke hätte die Entscheidung herbeigeführt, wenn nicht Athenion dabei schwer verwundet worden wäre. Die Sklaven glaubten ihn tot und wandten sich zur Flucht. Die

Hälfte des 40 000 Mann starken Sklavenheeres wurde von den Römern überwältigt; aber die andere Hälfte konnte nach Triokala entkommen, wo man sich eiligst auf die Verteidigung vorbereitete. Unter den Aufständischen verbreitete sich Mutlosigkeit, einige wollten sich heimlich wieder zurück zu ihren Herren begeben, ehe das römische Strafgericht über alle hereinbrach. Aber die Mehrzahl der Aufständischen beschloß, die Stadt zu verteidigen. Der Verteidigungswille wuchs noch, als Athenion, der sich auf dem Schlachtfeld tot gestellt hatte und unerkannt blieb, ebenfalls die Stadt erreichte. Lucullus folgte aus irgendwelchen Gründen den geflohenen Sklaven nicht sofort und kam erst am neunten Tage nach der Schlacht vor der Stadt an. In der Zwischenzeit hatten die Aufständischen Zeit genug, Vorräte zu ergänzen und die Befestigungen für die Verteidigung vorzubereiten. Lucullus erkannte auch bald, daß er mit seinen Kräften die Felsenfestung nicht einnehmen konnte, und brach nach kurzer Zeit die Belagerung ab. Diesen Mißerfolg verzieh ihm Rom nicht. Nach seiner Rückkehr nach Rom machte man ihm unter dem Vorwand der Unterschlagung öffentlicher Mittel den Prozeß, und er mußte in das Exil nach Lukanien gehen.

Im Jahre 102 v. u. Z. wurde Gaius Servilius Statthalter in Sizilien. Aber auch er konnte den Sklavenaufstand nicht unterdrücken. In diesem Jahre starb Salvius-Tryphon, und Athenion übernahm die Führung des Aufstandes und die Königswürde. Athenion war weiterhin Herr des Landesinnern und zwang die Römer, in den großen Städten zu verbleiben. Fast wäre es ihm gelungen, sich der Stadt Messana im Handstreich zu bemächtigen, als die Bürger dieser Stadt ein Fest feierten. Gegen Jahresende mußte Servilius unverrichteterdinge wieder nach Rom zurückkehren. Er suchte seinen Mißerfolg damit zu begründen, daß sein Vorgänger im Statthalteramt ihm absichtlich Truppen und Ausrüstungen in schlechtestem Zustand übergeben hätte, damit er nichts ausrichten könne. Aber es half ihm nichts; auch er bekam einen Prozeß und wurde zur Verbannung verurteilt.

Inzwischen hatte Marius im Jahre 102 v. u. Z. bei Aquae Sextiae (Aix-en-Provence) in Südfrankreich die Teutonen und Ambronen entscheidend geschlagen, und am 30. Juli

101 v. u. Z. vernichtete er die Kimbern in der Schlacht von Vercellae westlich von Mailand. Damit war die Gefahr für Italien, die von Norden drohte, abgewendet worden, und Rom konnte Elitetruppen für die Bekämpfung des Sizilischen Sklavenaufstandes freistellen. Manius Aquillius, ein Konsul des Jahres 101 v. u. Z., erhielt den Auftrag, die für Rom unentbehrliche Provinz wieder zurückzugewinnen.

Nun wendete sich das Blatt. Gegenüber den kampferfahrenen und gut ausgerüsteten römischen Legionären erwies sich das Sklavenheer als zu schwach. Obwohl es heldenmütig kämpfte, wurde es von Aquillius in zwei Schlachten geschlagen und weitgehend aufgerieben. Athenion selbst fiel in einer Schlacht im Zweikampf mit dem römischen Heerführer Aquillius. Das Heer der Aufständischen zerfiel und suchte in einzelnen Abteilungen in den befestigten Orten Zuflucht. Aquillius belagerte diese Orte und zwang die Sklaven zur Übergabe. Diese Kämpfe zogen sich noch bis in das Jahr 100 v. u. Z. hin. Etwa 1000 Sklaven unter der Führung eines Satyrus waren noch übrig geblieben; Aquillius suchte den Kampf dadurch zu beenden, indem er allen das Leben versprach, wenn sie sich ihm kampflos ergeben würden. Er wußte, daß er dies den Sklaven gegebene Versprechen nicht halten brauchte. Die Sklaven ergaben sich, und Aquillius sandte sie nach Rom, wo sie zu Gladiatoren verurteilt wurden. Aber die Sklaven wollten sich nicht in der Arena zur Belustigung der Zuschauer gegenseitig abschlachten und endeten ihr Leben, indem sie sich freiwillig gegenseitig töteten. In fünfjährigen Kämpfen hatten die Sklaven ihr Recht auf ein menschenwürdiges Dasein verteidigt. Der römische Staat der Sklavenbesitzer zwang sie gewaltsam in die Sklaverei zurück. Der Kampf war zu Ende gegangen; unzähliges Leid brachten die römischen Waffen über die Sklavenfamilien. Die reiche Insel mit ihren fruchtbaren Landstrichen gehörte wieder ganz den Römern.[62]

Die Nachrichten über den Aufstand verbreiteten sich wieder schnell im östlichen Mittelmeerraum. Die Sklaven der Silberbergwerke von Laurion auf Attika und auf der Insel Delos erhoben sich und kämpften gegen ihre Unterdrücker.

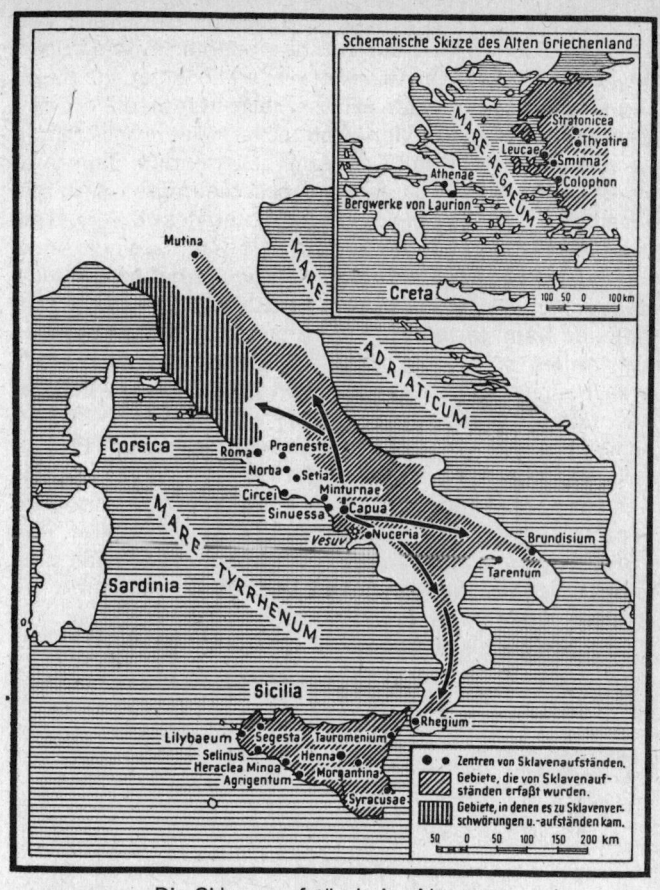

Die Sklavenaufstände im Altertum

Das Ziel beider sizilischer Aufstände bestand nicht in einer allgemeinen Abschaffung der Sklaverei. Wer sich dem Aufstand anschloß, wurde dadurch frei. Die Empörer wollten beide Male einen eigenen Staat bilden, nach römischem und nach hellenistischem Vorbild organisiert, in dem die ehemaligen Sklaven die nun Herrschenden darstellten. Die früheren Herren wurden, wenn nicht getötet, zu körperlicher Arbeit gezwungen. Die übrigen sozialen

Verhältnisse wurden nicht angetastet. Die sizilischen Bauern behielten ihr Land und bearbeiteten es wie früher. Da sich die Aufständischen im wesentlichen aus den Reihen landwirtschaftlicher Sklaven rekrutierten, die auf den Latifundien oder auf den städtischen Villenwirtschaften arbeiteten, bestand ihr Ziel darin, selbständige Bauern zu werden. Die beiden Aufstände beschleunigten zwar die gesellschaftliche Entwicklung der späten Republik, aber sie stülpten die bestehenden sozialen Verhältnisse nur um.

Die Uneinigkeit zwischen landwirtschaftlichen und städtischen Sklaven, die mangelhafte Ausrüstung und fehlende Kampferfahrung, die regionale Begrenztheit des Aufstandes sowie die römische Übermacht waren die Ursachen dafür, daß die Sklaven unterlagen. Unter der Ausnutzung zeitweiliger außen- und innenpolitischer Schwierigkeiten Roms konnten sie vorübergehend Erfolge erringen, aber noch standen der römische Staat und die Gesellschaftsordnung der Sklaverei auf ihrem Höhepunkt.

Aber mit ihren Aufständen und heldenmütigen Kämpfen leisteten diese Sklaven einen bedeutenden Beitrag zur Geschichte des Klassenkampfes.

Die Klassenkämpfe der freien Kleinproduzenten zur Zeit der großen Sklavenaufstände

Der Grundwiderspruch der auf Sklaverei beruhenden Gesellschaftsordnung war der Widerspruch zwischen der Produktion der Sklaven einerseits und der Aneignung ihres Arbeitsertrages sowie der Produzenten selbst durch außerökonomischen, physischen Zwang der Sklavenbesitzer andererseits. Doch war er nicht der einzige soziale Widerspruch jener Epoche. Dem Grundwiderspruch untergeordnet waren Widersprüche zwischen dem kleinen und großen Grundeigentum, zwischen kleinem Pachtbesitz und großem Grundeigentum, zwischen kleinem und großem Eigentum an städtischen Werkstätten. In Anfängen begann auch schon die Ausbeutung durch Lohnarbeit, wenn Sklavenbesitzer auf dem Grundbesitz, in den Werkstätten, im Bauwesen und im Handel neben Sklaven zusätzlich freie Arbeitskräfte im Tagelohn ausbeuteten.

Das System der Widersprüche war im 2. und 1. Jahrhundert v. u. Z. im römischen Imperium außerordentlich komplex. Es erfaßte nicht nur die Beziehungen und Verhältnisse zwischen Sklaven und Sklavenbesitzern, zwischen freien Kleinproduzenten und großen Eigentümern, die römische Bürger waren, sondern auch die gegensätzlichen Beziehungen zwischen römischen Bürgern und den sogenannten italischen Bundesgenossen, die das römische Bürgerrecht nicht besaßen und deshalb benachteiligt waren, sowie zwischen römischen Bürgern und den Provinzialbewohnern, die von ihrer eigenen Oberschicht und der römischen herrschenden Klasse ausgebeutet wurden. Hinzu kamen außenpolitische Gegensätze z. B. zwischen Rom und Karthago, zwischen Rom und dem parthischen Staat und zwischen Rom und hellenistischen Staaten im östlichen Mittelmeerraum. Sozialen Charakter besaßen die Gegensätze zwischen Rom und urgesellschaftlichen Stämmen, die jenseits der Reichsgrenzen lebten, auf ihren Wanderzügen an die römische Grenze gerieten und Siedlungsrecht auf dem Boden des Imperium Romanum forderten. Im vorigen Kapitel wurde dafür das Beispiel der germanischen Kimbern, Teutonen und Ambronen gebracht.

Besonders der Widerspruch zwischen großem und kleinem Grundeigentum spitzte sich zeitweilig derart zu, daß er den Grundwiderspruch zwischen Sklaven und Sklavenbesitzern zu überschatten schien.

Die Klasse der freien Kleinproduzenten war sehr heterogen zusammengesetzt und trat selten einheitlich auf. Sie teilte sich in die Schichten der ländlichen Bauern und der städtischen kleinen Handwerker auf, in die ländliche Plebs und in die städtische Plebs. Ähnlich wie die städtischen und ländlichen Sklaven unterschiedlichen Interessen nachgingen, so führte auch der Klassenkampf die ländliche und die städtische Plebs selten zum gemeinsamen Handeln. Die ärmsten der städtischen Plebejer, die *proletarii,* nahmen ohnehin eine besondere gesellschaftliche Stellung ein. Sie wurden von der Gesellschaft erhalten, ergänzten ihren Lebensunterhalt zeitweilig durch Tagelohnarbeit in der Stadt Rom und waren sehr häufig eine politische Reserve derjenigen Kreise, die sie durch Lebensmittelzuwendungen am Leben erhielten, nämlich der römischen Aristokratie.

Von den sozialen Bewegungen, die in der Zeit der großen Sklavenaufstände von der Klasse der freien Kleinproduzenten ausgingen und die die römische Gesellschaft ebenfalls schwer erschütterten, soll im folgenden die Rede sein.

Die Gracchenbewegung

Die soziale Lage der freien Kleinbauern Italiens ist bereits behandelt worden (siehe S. 53). An dieser Stelle sei nur noch Folgendes ergänzt: Das Verhältnis zwischen Aussaat und Ernte betrug in Italien damals bei Weizen etwa 1 : 4. Für antike Verhältnisse war das im ganzen gesehen ein mittelmäßiger Boden. In Ägypten, im karthagischen Nordafrika und in Sizilien lagen die Ernteerträge bedeutend höher. Nach der Eroberung Karthagos und Siziliens bezogen die Römer den Weizen daher lieber von dort und stellten ihre landwirtschaftliche Produktion in Italien auf für sie vorteilhaftere und gewinnbringendere Kulturen um. Das waren vor allem der Obst- und Gemüseanbau in der Nähe der Städte, der Oliven- und Weinanbau. Auch die Viehzucht entwickelte sich. Im landwirtschaftlichen Traktat Catos des Älteren erscheint daher der Getreideanbau erst an sechster Stelle. Die genannte Umstellung erforderte aber größere Flächen, als sie den Kleinbauern zur Verfügung standen, und außerdem brauchte man zunächst einmal erhebliche finanzielle Mittel, über die die Bauern im allgemeinen nicht verfügten. Zudem mußte man einige Jahre nach der Neuanlage von Oliven- und Weinpflanzungen warten, ehe sie gewinnbringende Erträge abwarfen. Die kleinen Bauern wurden daher in zunehmendem Maße weniger konkurrenzfähig, für die Produktion für den städtischen Markt verloren sie an Bedeutung. Ihre Lage wurde immer labiler; sie verschuldeten und verloren ihre Höfe an die Villenwirtschaften und an die großen Latifundien.

Zwar verlief diese Entwicklung nicht einheitlich, und der römische Staat suchte ihr durch die Gründung von Militärkolonien bäuerlicher Art entgegenzuwirken; dennoch verdrängte in einigen Teilen Italiens, besonders in Etrurien und in Lukanien, der Großgrundbesitz in kurzer Zeit die selbständige kleine freie Bauernwirtschaft aus ihrer früheren Position.

Im Kampf um die Durchführung von Agrarreformen äußerte sich der Klassenkampf zwischen den freien Kleinproduzenten und den Großgrundbesitzern.

Die herrschende Klasse Roms stand diesen Reformbestrebungen in den agrarischen Eigentumsverhältnissen feindlich gegenüber. Doch gab es auch unter Vertretern der Senatsaristokratie einzelne Persönlichkeiten, die die wirtschaftliche, und soziale Lage Italiens realistisch beurteilten und mit dem Schwinden der freien Bauernschaft die Wehrkraft des römischen Staates gefährdet sahen. Außerdem sahen diese Vertreter der Senatsaristokratie in Agrarreformen ein geeignetes Mittel, den durch die wirtschaftliche und soziale Entwicklung seit den Punischen Kriegen nach ihrer Meinung »in Unordnung« geratenen römischen Stadtstaat zu restaurieren. Doch war diese Gruppe im römischen Senat in einer fast verschwindenden Minderheit.

Im 2. Jahrhundert v. u. Z. waren die bedeutendsten Repräsentanten dieser Gruppe die beiden Brüder Tiberius und Gaius Sempronius Gracchus.

Tiberius, der ältere der beiden Brüder (162–133 v. u. Z.), war bereits Quästor gewesen und hatte am Feldzug gegen Numantia in Spanien teilgenommen, 134 v. u. Z. bewarb er sich um das Amt des Volkstribunen und wurde auch im Dezember 134 für das folgende Jahr in dieses Amt gewählt.

Die Brüder gehörten dem vornehmen plebejischen Geschlecht der Sempronier an, das schon seit dem Ende des 4. Jahrhunderts v. u. Z. zur Nobilität gehörte. Von 304 bis 177 v. u. Z. stellte es 13 Konsuln. Zu den patrizischen Adelsgeschlechtern der Claudier und der Scipionen pflegten die Sempronier enge freundschaftliche und familiäre Beziehungen. Die Mutter der Gracchenbrüder war eine Tochter des berühmten Scipio Africanus, des Bezwingers Hannibals. Scipio Aemilianus, der römische Feldherr des 3. Punischen Krieges, war der Vetter der Gracchenbrüder.

Es waren sachliche, berechenbare Gründe, die einen Vertreter der hohen Nobilität an die Seite der Agrarreformer führten. Der Geschichtsschreiber Appian führte dazu aus: »Gracchus ging es bei seinem Plan nicht um die Bereicherung (der Armen – R. G.), sondern um die Erhöhung ihrer Wehrhaftigkeit ... Die Römer, so führte er aus, besäßen ihr meistes Land als Folge von Eroberung im Kriege und hofften, auch den Rest der bewohnten Welt zu besitzen; jetzt stünden sie vor der alles entscheidenden

Frage, ob sie auch den Rest durch ein starkes, kampftüchtiges Heer erwerben würden oder das, was sie hätten, ihnen infolge ihrer Schwäche und ihrer inneren Zerrissenheit vom Feinde entrissen werden würde. Nachdem er in den grellsten Farben ausgemalt hatte, welcher Ruhm und welcher Reichtum sie im ersten Falle erwarteten und welche Gefahr und welcher Schrecken ihnen im zweiten Falle bevorständen, forderte er die Reichen auf, sich dies zu überlegen und, wenn nötig, dies Land um der Hoffnung für die Zukunft willen freiwillig an jene zu geben, die (für den Staat – R. G.) Kinder aufzögen, und über dem Streit um Kleinigkeiten nicht die größeren Dinge zu übersehen...«[63]

Plutarch überliefert die Nachricht, daß Tiberius' Bruder Gaius in einer Schrift darüber berichtet habe, daß Tiberius, als er im Jahre 137 v. u. Z. zum Heer nach Numantia abging »und durch Etrurien kam, die Öde des Landes bemerkt, wie auch die Bebauer oder Nutznießer desselben gesehen habe, die lediglich eingeführte Sklaven oder Barbaren waren; damals habe er zuerst den Gedanken an eine politische Wirksamkeit gefaßt, die so viele tausend unselige Folgen für beide hatte«.[64]

Mit einem Appell an die Einsicht der Großgrundbesitzer glaubte Tiberius Gracchus die Mehrheit des Senats für seinen Plan gewinnen zu können – aber vergebens. Der Senat wandte sich heftig gegen sein Vorhaben. Die wenigen Vertreter der Reformgruppe, darunter der Schwiegervater des Tiberius, Appius Claudius Pulcher, dann Publius Mucius Scaevola, ein bedeutender Jurist, und Publius Crassus Mucianus, Prätor des Jahres 133 v. u. Z., setzten sich nicht durch. Die Scipionen, die in den vierziger Jahren des 2. Jahrhunderts für eine sehr gemäßigte Reformpolitik eingetreten waren, schlugen sich auf die Gegenseite.

Tiberius Gracchus und seine Freunde waren keine Revolutionäre. Es ging ihnen um eine Erneuerung des kleinen Grundeigentums, um eine Zurückdrängung der Sklaverei in der Landwirtschaft, um die Erhaltung der Wehrkraft des römischen Staates, denn noch war das römische Heer im wesentlichen ein Bauernheer, kurz: um eine Restauration der alten stadtstaatlichen Ordnung und Wirtschaftsweise, wie sie in Rom vor den sozialen Veränderungen des 3. Jahrhunderts v. u. Z. existiert hatten. Dieses Ziel suchten sie mit legalen Mitteln und Methoden, die ihnen die ungeschriebene römische Verfassung bot, auf dem Weg über Gesetzesanträge in der Volksversammlung zu erreichen. Allerdings war der Spielraum für eine solche Politik in Rom, wo die Idee der klassischen athenischen Demokratie von der herrschenden Aristokratie diskreditiert und verfolgt wurde, nur eng begrenzt. Erst durch den Widerstand der Senatsaristokratie wurde Tiberius dazu veranlaßt, revolutionäre Maßnahmen zu ergreifen, um seine Pläne zu verwirklichen.

Im Frühjahr des Jahres 133 v. u. Z. brachte Tiberius in der Volksversammlung den Gesetzesantrag ein, den Umfang des von den römischen Großgrundbesitzern besetzten Staatslandes (ager publicus) zu beschränken. Dabei stützte er sich wahrscheinlich auf ein altes Gesetz, auf die Lex Licinia von 367 v. u. Z., die ebenfalls schon solche Begrenzung der Inbesitznahme des römischen Staatslandes verfügt hatte. Entsprechend dem Antrag des Tiberius sollte niemand mehr als 125 Hektar Staatsland besitzen; je 62,5 Hektar sollten dem noch für zwei Söhne des Familienoberhaupts hinzugefügt werden, so daß die Höchstgrenze des von einer Familie in Besitz genommenen Staatslandes 250 Hektar (= 1000 iugera) betrug. Alles darüber hinaus okkupierte Staatsland sollte unter landlosen Bauern aufgeteilt werden. Eine Dreimännerbehörde sollte die Einziehung und Aufteilung des Landes vornehmen. Um die Großgrundbesitzer zu hindern, daß sie sich das neu verteilte Bauernland infolge ihrer wirtschaftlichen Stärke später wieder aneigneten, sollten die neuen bäuerlichen Parzellen unveräußerlich sein. Für das eingezogene Staatsland sollten aus der Staatskasse an die bisherigen Besitzer Entschädigungen gezahlt werden, aus dem aufzuteilenden Land sollten Bauernhöfe von etwa 7,5 Hektar Größe geschaffen werden.

Dieser Antrag des Tiberius Gracchus versetzte sowohl die reichen Großgrundbesitzer als auch die landarmen und landlosen Bauern in große Erregung. Die Mehrheit der Senatsaristokratie, auf deren Einsicht Tiberius gehofft hatte, widersetzte sich hartnäckig und wütend seinen

Die Gladiatorenkaserne in Pompeji

Münze des Aristonikos

Tonlampen
mit Gladiatorendarstellungen

Laden und Werkstatt
eines Messerschmiedes

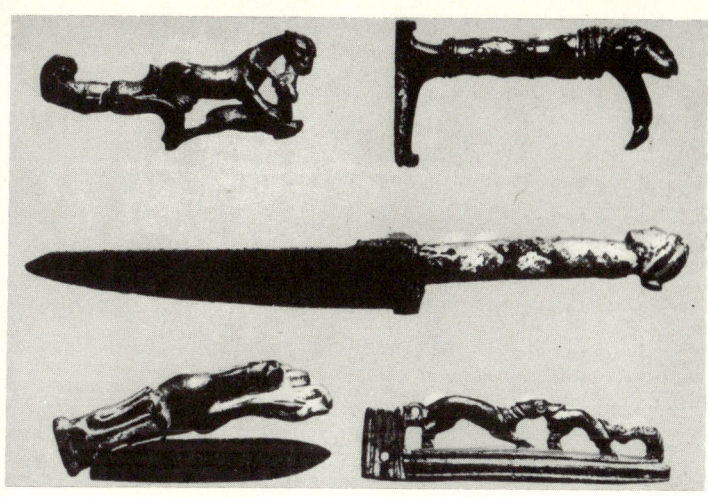

Römische Messer, Messergriffe
und zusammenlegbares Taschenmesser

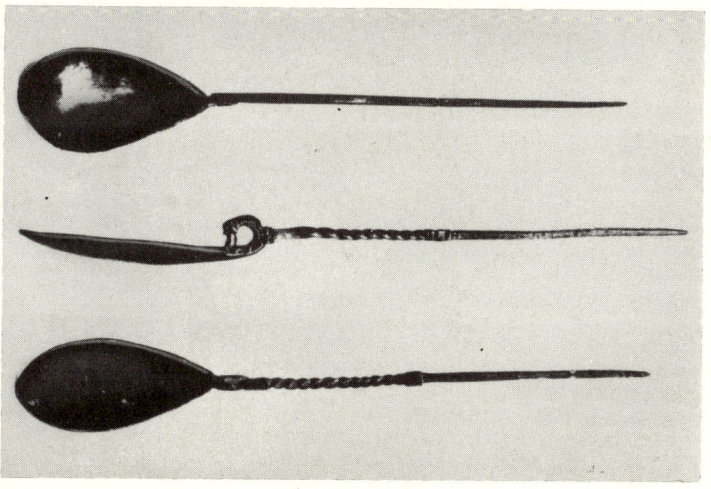

Römische Löffel

Werkstatt eines Eisenschmiedes

Metzgerladen

Tuchladen

Sklaven bei der Tongewinnung

Plänen. Besonders feindlich traten die Scipionen gegen ihn auf. Auf der anderen Seite strömten zahlreiche ländliche Plebejer aus ganz Italien zu dieser Volksversammlung nach Rom, um Tiberius bei der Abstimmung zu unterstützen. »In Scharen strömten die Bauern vom Lande nach Rom, wie die Flüsse in das alles aufnehmende Meer«[65], berichtet der Geschichtsschreiber Diodor. »Der Kampf für die Agrarreform wurde zu einer Massenbewegung.«[66]

In der entscheidenden Volksversammlung, die sich über mehrere Tage hinzog, veranlaßte die Senatsaristokratie einen anderen Volkstribunen, Marcus Octavius, der auch Staatsländereien besaß und von dem Gesetzantrag betroffen wurde, sein Veto dagegen einzulegen. Nach altem römischem Brauch wurde jede Maßnahme und jeder Gesetzentwurf hinfällig, wenn einer der zehn Volkstribunen seinen Einspruch dagegen erhob. Dieses tribunizische Recht, das sich ursprünglich gegen Amtshandlungen der patrizischen Magistrate Roms im Interesse der Plebejer wandte, richtete sich nun gegen die fortschrittlichen Kräfte im römischen Staate selbst; denn ein Volkstribun konnte auch seinen Einspruch gegen Maßnahmen und Anträge eines anderen Volkstribunen erheben und sie damit annullieren, nur war solches bis dahin in der römischen Geschichte nicht vorgekommen.

Damit nahm der politische Kampf im Senat und in der Volksversammlung an Schärfe zu. Tiberius seinerseits legte darauf sein Veto gegen jede Amtshandlung des Staatsapparats ein, um den Senat zur Aufgabe seines Widerstandes zu zwingen, und ließ die Staatskasse versiegeln. Als Marcus Octavius trotz wiederholter Bitten des Tiberius sein Veto gegen das Reformgesetz nicht zurückzog, ließ Tiberius in der Volksversammlung über folgende Frage abstimmen: »Kann ein Volkstribun, der gegen die Interessen des Volkes handelt, sein Amt weiter bekleiden?«[67] Die damit beabsichtigte Absetzung eines Volkstribunen, der den Interessen der Plebs zuwider handelt, durch die Volksversammlung *während* des Amtsjahres des Tribunen widersprach völlig der aristokratischen Verfassung der römischen Republik, die die politische Exekutive eindeutig in die Hände des Senats und der Amtsträger des Staats gelegt hatte. Das war in der römischen Politik eine revolutionäre Maßnahme, die sich am Vorbild griechischer demokratischer Ideen orientierte. Danach sollten Senat und Amtsträger den Beschlüssen der römischen Bürgerversammlungen untergeordnet sein. Tiberius wurde in diesen und ähnlichen Vorstellungen besonders von den griechischen Philosophen Blossius von Cumae und von Diophanes von Mytilene beeinflußt, die sich bei ihm befanden.

Für die Gesetzgebung war in Rom die in Tribus gegliederte Volksversammlung zuständig. Jede Tribus verfügte in der Abstimmung über eine Stimme. Vor der Stimmabgabe hatten sich die Bürger, die zu einer Tribus gehörten, durch Mehrheitsbeschluß darüber zu einigen, wie sie ihre Stimme abgeben wollten, für oder gegen den Gesetzantrag.

Über die Abstimmung berichtet Appian: »... als Octavius, ohne entmutigt zu sein, wieder Einspruch erhob, ließ er (Tiberius – R. G.) zuerst über ihn abstimmen. Als die erste Tribus dafür stimmte, Octavius seines Amtes zu entsetzen, wandte sich Gracchus an ihn und bat ihn, von seinem Veto Abstand zu nehmen. Als dieser jedoch nicht nachgab, ließ er die anderen Tribus abstimmen. Es gab damals 35 Tribus. Die ersten 17 Tribus hatten voller Empörung bereits für die Absetzung des Octavius gestimmt, die 18. mußte die Entscheidung bringen. Wieder begann Gracchus im Angesicht des Volkes Octavius, der jetzt aufs höchste gefährdet war, inständig mit Bitten zu bestürmen, doch nicht ein Werk zu verhindern, das für ganz Italien in höchstem Grade gerecht und heilsam sei, und nicht eine derart große Begeisterung des Volkes zunichte zu machen, dessen Wünschen er als Volkstribun eigentlich auch gegen das Recht nachzugeben verpflichtet sei, und nicht den Verlust seines Amtes durch öffentliche Verurteilung zu riskieren. Nach diesen Worten rief er die Götter als Zeugen an, daß er seinen Kollegen nicht absichtlich in Schande bringen wolle; als er ihn nicht umzustimmen vermochte, ließ er die Abstimmung fortsetzen. Octavius wurde unverzüglich in die Stellung eines Privatmannes zurückversetzt und machte sich unauffällig davon. An seiner Stelle wurde Quintus Mummius zum Volkstribun gewählt, und das Ackergesetz ging durch.«[68]

Bisher hatte man in Rom entsprechend dem aristokratischen Brauch nur die Möglichkeit gehabt, einen Amtsträger *nach* Ablauf seines Amtsjahres vor Gericht zu bringen und, falls man ihn überführte, zu verurteilen. Schon drohte die Mehrheit der Senatsaristokratie, Tiberius nach dem Ende seines Tribunats öffentlich anzuklagen. In einer später abgehaltenen Volksversammlung verteidigte Tiberius Gracchus sein Vorgehen gegen Marcus Octavius: »Er sagte: ›allerdings − heilig sei der Tribun und unverletzlich, weil er dem Volke geweiht sei und für das Volk dastehe‹ − ›Wenn er nun aber umschlägt‹, (fuhr er fort), ›wenn er wider das Volk handelt, − dessen Gewalt verstümmelt, − dessen Stimmrecht wegnimmt: so hat er sich selbst um seine Würde gebracht, indem er die Bedingungen nicht einhält, unter denen er sie erhielt. Denn sonst muß man auch einen Tribun, der das Capitol niederreißt und die Werften in Brand steckt, ruhig gewähren lassen. Wenn er das aber tut, so ist er ein schlechter Volkstribun; wenn er aber die Volksverfassung auflöst, so ist er gar kein Volkstribun mehr. Muß man es nicht entsetzlich finden: − der Konsul kann von dem Volkstribun fortgeführt werden, aber dem Volkstribun selbst kann seine Befugnis vom Volke nicht abgenommen werden, wenn er sie gegen denjenigen gebraucht, der sie ihm gegeben hat? Konsul und Volkstribun − beide wählt das Volk! Ja noch mehr! Das Königtum besitzt alle Gewalt, die es in sich zusammenfaßt; es ist überdies durch die größten und feierlichsten Akte der Gottheit gegenüber geweiht. Aber einen Tarquinius hat man dennoch aus der Stadt gejagt, als er Unrecht tat; durch den Übermut eines einzigen wurde die Regierungsform unserer Väter, wurde die Begründerin von Rom gestürzt! Was ist ferner so heilig in Rom, so ehrwürdig, wie jene (vestalischen) Jungfrauen, die Pflegerinnen und Hüterinnen des ewigen Feuers? Aber wenn eine von ihnen gefehlt hat, so wird sie lebendig begraben. Die Schuld wider die Götter entzieht ihnen eine Unverletzlichkeit, die sie durch die Götter besitzen. Deshalb darf auch kein Volkstribun, wenn er gegen das Volk sündigt, die Unverletzlichkeit behalten, die ihm durch das Volk verliehen ist. Dies wäre Unrecht. Denn eben die Gewalt, durch welche er stark ist, reißt er ja nieder. Wenn er das Tribunat rechtskräftig durch eine bloße Mehrzahl der Tribusstimmen erhalten hat: warum könnte ihm dasselbe nicht auch abgenommen, – ja rechtskräftig genommen werden durch ihre Einstimmigkeit? Heilig und unverletzlich ist nichts so sehr, wie die Weihgeschenke der Götter; aber Gebrauch von ihnen zu machen, sie nach Belieben von der Stelle zu rücken und an einen anderen Platz zu bringen, – das hat noch niemand dem Volke verwehrt. Also stand es ihm auch zu, das Tribunat, wie ein heiliges Gefäß, auf einen anderen zu übertragen. Daß aber jenes Amt nichts schlechthin Unverletzliches ist, das unter keinen Umständen abgenommen werden könnte, erhellt daraus: wie mancher, der ein Amt hatte, ließ sich schon seines Eides entbinden und bat um die Abnahme des Amtes – von selbst!«[69]

Mit dieser Verteidigungsrede wies Tiberius Gracchus auf den politischen Wandel der Staatseinrichtungen Roms hin und erhob die römische Bürgergemeinde zur höchsten Instanz der Gesellschaft.

Der römische Senat konnte das Gesetz zur Aufteilung der Staatsländereien nicht verhindern, aber seiner Durchsetzung legte er zahlreiche Steine in den Weg. Oft war es sehr schwierig, noch die Grenzen zwischen römischem Staatsland, das einer besaß, und seinem privaten Grundeigentum, das ja durch das Gesetz nicht angetastet wurde, eindeutig zu bestimmen, und die Verwirklichung des Reformgesetzes begann, sich in die Länge zu ziehen. Die römischen Bauern waren nach der Volksversammlung wieder in ihre Heimatorte zurückgekehrt, und die städtische Plebs blieb ein wankelmütiger Bundesgenosse des Tiberius.

Tiberius gab seinen Kampf gegen die Großgrundbesitzer nicht auf. Da die erwähnte Dreimännerbehörde, die die Bodenaufteilungen vorzunehmen hatte und der Tiberius Gracchus, sein jüngerer Bruder Gaius Gracchus und sein Schwiegervater Appius Claudius angehörten, vom Senat nicht unterstützt wurde, übertrug ein weiteres Gesetz ihr auch die richterliche Entscheidungsgewalt in strittigen Fragen, z. B., wenn Großgrundbesitzer die Zugehörigkeit des Landes zum Staatsland leugneten.

In das Amtsjahr des Tiberius Gracchus fiel der Tod des

pergamenischen Königs Attalos III., und als die Nachricht bekannt wurde, daß der König sein Land dem römischen Staat vermacht hatte, setzte Tiberius erneut die Autorität der Volksversammlung über die des Senats. Auf Antrag des Tiberius beschloß die Volksversammlung, daß über den königlichen pergamenischen Staatsschatz nicht der Senat, sondern die Volksversammlung verfügen sollte. Mit diesen Geldern sollten die Bauern, die aus der Aufteilung des Staatslandes Boden erhalten hatten, finanzielle Unterstützungen für die Inbetriebnahme ihrer Wirtschaften erhalten. Bisher hatte der Senat die staatliche Finanzkontrolle ausgeübt. Außerdem kündigte er an, daß die Volksversammlung selbst die notwendigen Entscheidungen über die Regelung der staatlichen Verwaltungsangelegenheiten bei der Einrichtung der neuen Provinz treffen werde. Auch diese Dinge lagen bisher einzig im Machtbereich des Senats. Mit den Gesetzen, die die pergamenische Erbschaft betrafen, spitzte sich der Kampf zwischen den Kräften, die unter der Führung des Tiberius eine – natürlich sozial eng begrenzte – Demokratisierung des römischen Staates anstrebten und der Mehrheit der Senatsaristokratie weiter zu.

Der Senat bereitete seinen politischen Gegenangriff vor. Für die Neuwahl der Volkstribunen für das Jahr 132 v. u. Z. beeinflußte er die Aufstellung von Kandidaten, die der Politik des Tiberius feindlich gegenüberstanden. Wortführer der konservativen Gruppe im Senat, die den Tiberius auf das schärfste bekämpfte, waren Publius Scipio Nasica Serapio, Quintus Metellus Macedonicus, Quintus Pompeius und Titus Annius Luscus. Die gemeinsame Feindschaft gegen Tiberius Grracchus einigte die sonst häufig in familiären Hadern liegenden politischen Gruppen des Senats. Man beschuldigte Tiberius, nach der Königsherrschaft über die Römer zu streben – eine Diffamierung, die dem Rufmord gleichkam.

Tiberius sah sowohl sein Reformprogramm, als auch sein Leben gefährdet, wenn er nach Ablauf seines Amtsjahres als Privatmann dem Wüten der Senatsaristokratie schutzlos ausgeliefert war. Er plante daher, auch für das folgende Jahr 132 v. u. Z. für das Amt des Volkstribuns zu kandidieren. Dies war wiederum ein Schritt, der nicht der Tradition entsprach; denn eine unmittelbare erneute

Wiederwahl zum Volkstribunen hatte es bisher noch nicht gegeben. Der Senat nahm diesen Plan des Tiberius zum Anlaß, um seine Hetze gegen ihn wegen angeblichen Strebens nach der Alleinherrschaft zu verstärken.

Die Tribunenwahlen fanden damals immer im Sommer für das nachfolgende Jahr statt. Da aber im Sommer die Hauptstütze des Tiberius, die ländliche Plebs, auf den Feldern beschäftigt war, betrieb er eine Wahlagitation, die auf Wünsche der städtischen Plebejer und der Ritter zugeschnitten war. Im Falle seiner Wiederwahl versprach er, die militärische Dienstzeit zu verkürzen, die Appellation verklagter Bürger von den Gerichten an die Volksversammlung einzuführen und die Geschworenengerichte, die bis dahin allein von Senatoren als Richter besetzt waren, anteilig Richtern aus dem Ritterstand zu übergeben. In jeder Weise suchte er auch in Zukunft der Macht des Senats entgegenzuwirken.

Am Tag der Tribunenwahlen stimmten die beiden ersten Tribus für die Wiederwahl des Tiberius. Die Feinde des Tiberius nutzten jedoch Streitigkeiten unter den Volkstribunen über die Rechtmäßigkeit der Wiederwahl aus, und die Abstimmung mußte unterbrochen werden. Als am folgenden Tag die Wahlhandlung fortgesetzt werden sollte, inszenierten die Feinde des Tiberius am Versammlungsort einen blutigen Tumult. In der Versammlung kam es zu tätlichen Auseinandersetzungen, die Wahlhandlung, die auf dem Gelände des Capitol stattfinden sollte, konnte nicht fortgesetzt werden. Fast alle Volkstribunen stellten sich auf die Seite des Senats. Dieser tagte zur selben Zeit im Fidestempel, der sich ebenfalls auf dem Capitol befand. Durch Boten waren die Senatsmitglieder genaustens über den Fortgang der Ereignisse in der Wahlversammlung informiert. Tiberius, der in den Tribus etwa 3000 Anhänger besaß, hatte zwar in der vorangegangenen Nacht sein Haus durch Getreue vor einem Überfall bewachen lassen, versäumte aber, den Sitz der Senatsversammlung von seinen Anhängern gegenüber der Wahlversammlung abschließen zu lassen.

In dieser spitzten sich die Unruhen weiter zu. Die Freunde des Tiberius gingen daran, im Handgemenge die Unruhestifter zu vertreiben, um den Wahlakt fortzusetzen.

Als die Mitteilung davon in den Senat gelangte, forderte die reaktionäre Senatsmehrheit unter der Führung des Scipio Nasica den Konsul Publius Mucius Scaevola auf, den Staatsnotstand unter Anwendung des sogenannten »äußersten Senatsbeschlusses« (Senatusconsultum ultimum) auszurufen. Dieser hätte zur Folge gehabt, daß alle Feinde der »Ordnung« für vogelfrei erklärt und ohne Gerichtsverhandlung getötet werden konnten. Der Konsul, der den Auffassungen des Tiberius Gracchus nahestand, weigerte sich jedoch. Da erhob sich Scipio Nasica, beschimpfte den Konsul, und unter dem Ruf »Wer das Vaterland retten will, folge mir nach«, stürzten die Senatoren ins Freie und hieben mit Knüppeln und Steinen auf die Wahlversammlung ein. Schon vorher hatten sie ihre Haussklaven und Freunde bewaffnen lassen, diese stießen jetzt zu ihnen, und auf dem Abhang zwischen dem Jupitertempel auf dem Capitol und dem Forum begann ein grauenvolles Gemetzel.

Die Senatoren und ihre Anhänger holten die fliehenden Plebejer ein. Sie schlugen auf die Wehrlosen ein, und am Ende bedeckten 300 Tote das Schlachtfeld, unter ihnen Tiberius Gracchus. Die Toten wurden nicht bestattet, sondern in den Tiber geworfen. Die geflohenen Freunde des Tiberius wurden anschließend noch verfolgt, ermordet, in den Kerker geworfen oder vertrieben.

Die Senatoren triumphierten, die unterlegenen Plebejer waren verzweifelt über ihre Lage. »Die Stimmung in der Stadt schwankte wegen des Mordes an Gracchus zwischen Trauer und Freude; die einen beklagten ihr und sein Schicksal und die augenblickliche Lage des Staates, in dem nicht mehr die rechtmäßige Ordnung, sondern Faustrecht und Gewalt herrschten, die anderen glaubten, am Ziel aller ihrer Wünsche zu sein.«[70]

Über die Ursachen der Feindseligkeit der Senatsmehrheit zu den Plänen des Tiberius Gracchus gibt Plutarch in seiner Tiberius-Gracchus-Biographie eine zutreffende Einschätzung: »Aber offenbar ist Leidenschaft und Haß der Reichen weit mehr, als jene Vorwände, worauf man sich stützte (etwa sein angebliches Streben nach der Alleinherrschaft – R. G.), der Grund ihrer feindlichen Vereinigung gegen ihn gewesen.«[71]

So sehr sich aber auch der Senat an den Personen des Reformprogramms rächte, so wagte er es dennoch nicht, den Kern dieses Programms, das Ackergesetz, anzutasten. Zu sehr fürchtete man eine allgemeine Erhebung der ländlichen Plebs. Selbst Publius Popillius Laenas, Konsul des Jahres 132 v. u. Z. und ein entschiedener Gegner des Tiberius Gracchus, sah sich genötigt, entsprechend dem Ackergesetz Landaufteilungen vorzunehmen.

An der noch starken und stabilen Macht der Senatsaristokratie scheiterte Tiberius Gracchus. Hinzu kam, daß es ihm in seinem Tribunatsjahr nicht gelang, *alle* Gegner der Senatsherrschaft unter seiner Führung zu einigen. Aber der Kampf und selbst die Niederlage hatten das politische Bewußtsein der Klasse der freien Kleinproduzenten entwickelt, ihre Bewegung war zwar niedergeschlagen, aber nicht vernichtet worden.

Nicht nur das Ackergesetz, sondern auch die Dreimännerbehörde für die Aufteilung des Staatslandes, die ihre gerichtlichen Befugnisse behielt, blieben bestehen. Nach der Ermordung des Tiberius wurde von der Volksversammlung der Schwiegervater des jungen Gaius Gracchus, Publius Crassus Mucianus, an die Stelle des Tiberius in dies Amt gewählt. Crassus wurde für das Jahr 131 v. u. Z. auch zum Konsul und zum obersten Aufseher des staatlichen Kultwesens (Pontifex maximus) in Rom gewählt. Der Erzfeind des Tiberius, Scipio Nasica, wurde von den Anhängern des Reformprogramms mit Prozessen überhäuft, öffentlich wurde er als Verbrecher und Tyrann bezeichnet. Er sah sich gezwungen, Italien zu verlassen, und starb bald darauf in Kleinasien. Auch der früher in der römischen Bürgerschaft so populäre Publius Cornelius Scipio Aemilianus, der Eroberer Karthagos und der Sieger vor Numantia (133 v. u. Z.), büßte an Ansehen ein, als in der Plebs bekannt wurde, daß er sich auf die Seite der Gegner des Reformprogramms gestellt hatte und das Ansehen des toten Tiberius verunglimpfte. Im Jahre 130 v. u. Z. starben die beiden Mitglieder der Dreimännerbehörde, Appius Claudius und Crassus Mucianus; für sie wurden angesehene Vertreter der Nobilität, die die Reformpolitik befürworteten, Marcus Fulvius Flaccus und Gaius Papirius Carbo, als Mitglieder gewählt. Die Kommission beschlagnahmte trotz Widerstände des Senats umfangreiche Staatsländereien. Um das Jahr 130 v. u. Z. erließ die Volksversammlung ein weiteres Gesetz, das die Wiederwahl eines Volkstribunen zuließ. Bedeutsam ist, daß dies Gesetz trotz erbitterter gegensätzlicher Bestrebungen der Scipionenfamilie angenommen wurde.

Die Kräfte, die für weitere Fortschritte in der Lösung der Agrarfrage und für eine weitere Demokratisierung des Staats eintraten, konnten sich also nach dem Tod des Tiberius Gracchus recht bald wieder sammeln und festigen.

Die Gegenseite konnte unter der Führung des Scipio Aemilianus, der nach der Niederwerfung von Numantia seit 132 v. u. Z. wieder in Rom weilte, im Jahr 129 v. u. Z. einen ansehnlichen Erfolg erringen: Der Senat nahm der Bodenkommission die richterlichen Entscheidungsvollmachten in strittigen Fällen, und damit wurde die Tätigkeit der Kommission wesentlich gelähmt. Weitere Schwierigkeiten ergaben sich in ihrer Arbeit dadurch, daß — wie bereits erwähnt — das römische Staatsland im Laufe der Zeit nicht mehr deutlich genug vom Landbesitz der italischen Bundesgenossen abgrenzbar war. Es bestand die Gefahr, daß Bauern und andere Grundbesitzer der italischen Bundesgenossen den politischen Kampf der Senatsaristokratie aktiv unterstützten aus Furcht, durch die Dreimännerbehörde ihr Land zu verlieren. Deshalb nahm die Reformgruppe einen neuen Punkt in ihr Programm auf, nämlich den italischen Bundesgenossen das römische Bürgerrecht, um das sie sich seit langem sehr bemühten, zuzugestehen. Marcus Fulvius Flaccus, Mitglied der Bodenkommission und Konsul des Jahres 125 v. u. Z., der in dieser Zeit die Reformgruppe leitete, plante eine solche Gesetzesvorlage, wurde aber, als dies dem Senat bekannt wurde, von ihm schleunigst nach Gallien entsandt, um ihn damit von Rom fernzuhalten. Dennoch brachen in den italischen Städten Fregellae und Asculum Aufstände der Bundesgenossen aus, die jedoch in kurzer Zeit niedergeworfen werden konnten.

Nun sah Gaius Gracchus die Zeit für gekommen, sich aktiver in die Auseinandersetzungen einzuschalten. Er war neun Jahre jünger als sein Bruder Tiberius und hatte im

Amtsjahr seines Bruders im römischen Heer vor den Mauern von Numantia gedient. Auf seine Wahl als Mitglied der Bodenaufteilungskommission verließ er vor der Beendigung des Krieges das Lager vor Numantia und kehrte kurz vor dem Untergang des Tiberius nach Rom zurück.

Gaius war ein hochgebildeter junger Mann, mit griechischen Lehren aus dem Elternhaus vertraut, war energisch und besaß wie sein Bruder ein bedeutendes rednerisches Talent. Nach dem Tode seines Bruders konzentrierte er sich in den folgenden Jahren auf die Mitarbeit in der Dreimännerbehörde, die das Staatsland aufzuteilen hatte, und wurde in diese Kommission Jahr für Jahr wiedergewählt. Seit 132 v. u. Z. trat er auch als Redner hervor, um vor Gericht angeklagte Freunde seines Bruders zu verteidigen. Für das Jahr 126 v. u. Z. bewarb er sich um sein erstes Staatsamt und wurde zum Quästor gewählt. In diesem Amt wurde er dem Statthalter von Sardinien zugeordnet, wo er sich bis zum Jahre 124 v. u. Z. aufhielt. In jenem Jahre kehrte er nach Rom zurück und bewarb sich trotz Widerstand des Senats für das Jahr 123 v. u. Z. für das Amt des Volkstribunen. Die römische Plebs soll ihm bei seiner Rückkehr nach Rom geradezu einen festlichen Empfang bereitet haben; besonders von ihm erwartete sie eine Fortsetzung der Reformpolitik seines Bruders.

An den Tribunenwahlen von 124 v. u. Z. nahmen wieder außerordentlich zahlreiche ländliche Plebejer teil. Nicht zuletzt diesen verdankte er dann auch seine Wahl zum Volkstribunen, »wobei zwar die Vornehmen alle gleich entschieden ihm entgegenarbeiteten, dagegen das niedere Volk aus ganz Italien in solcher Masse zur Wahl nach der Hauptstadt zusammenströmte, daß viele keine Wohnungen bekamen, das Wahlfeld unzureichend war, um die Menge zu fassen, und daher von allen Dächern und Giebeln die Stimmen zusammenschollen«.[72]

Vom Beginn seiner Tätigkeit als Volkstribun an wurde allen offenkundig, daß Gaius das Reformprogramm seines Bruders und den Kampf gegen den Senat in bedeutend erweitertem Umfang fortsetzen werde. Vor allem ging es ihm darum, der antisenatorischen Opposition in Rom eine breitere Basis zu geben, indem er sogleich Anträge verkündete, die den ländlichen und den städtischen Plebejern und den Rittern entgegen kamen.

Zunächst wollte er jedoch das Ansehen seines Bruders wiederherstellen. Eins der ersten von ihm veranlaßten Gesetze übertrug der Volksversammlung die gerichtliche Entscheidung gegen jene höheren staatlichen Amtsträger, die einen römischen Bürger ohne richterliches Urteil aus Rom vertrieben oder dem Tode überantwortet hatten. Dies Gesetz, das auf das alte Recht der Appellation an die Volksversammlung zurückgriff und in der folgenden Zeit auch erstmalig im römischen Heer Anwendung fand — denn bis dahin konnten römische Bürger im Heeresdienst wegen ungerechtfertigter Verurteilungen durch Legionskommandeure nicht an die Volksversammlung appellieren —, richtete sich gegen Publius Popillius Laenas, den Konsul des Jahres 132 v. u. Z. In seiner Amtszeit hatte er viele Freunde des Tiberius außer Landes verwiesen und ohne gerichtlichen Beschluß zum Tode verurteilt. Als das Gesetz angenommen war, wartete Popillius Laenas gar nicht erst die gerichtliche Klage gegen sich ab. Er verließ Italien und ging ins Exil.

In seinen beiden Amtsjahren des Volkstribunats, denn er wurde auch 122 v. u. Z. wieder in dies Amt gewählt, entwickelte Gaius ein umfangreiches Reformprogramm. Ein Ackergesetz (Lex agraria) erneuerte den Beschluß der Volksversammlung zur weiteren Aufteilung der Staatsländereien von 133 v. u. Z. und verschaffte der Dreimännerbehörde wieder das Recht gerichtlicher Entscheidungen, das ihr 129 v. u. Z. entzogen worden war. In Verbindung mit diesem Gesetz sollten neue Bürgersiedlungen in und außerhalb Italiens geschaffen werden, um die landlosen Plebejer mit Ackerfluren auszustatten. Ein Getreidegesetz (Lex frumentaria) ermöglichte den verarmten städtischen Plebejern den Kauf stark verbilligten Brotgetreides, wobei der niedrige Preis durch Zuschüsse aus der Staatskasse gestützt wurde. Ein Gerichtsgesetz (Lex iudiciaria) übertrug den Rittern die Richterstellen in den Geschworenengerichten, die sich mit Klagen gegen römische Amtsträger nach Ablauf ihres Amtsjahres wegen unerlaubter Übergriffe, Bestechungen, Korruptionen usw. befaßten. Bisher wurden diese Gerichte von senatorischen

Richtern besetzt, die jedoch gegen ihre Amtskollegen nicht durchgriffen und viele Prozesse verschleppten. Von dieser Neuerung versprach sich Gaius eine gerechtere Amtsführung in den Provinzen und die Unterstützung seiner Pläne durch die Ritterschaft. Besonders dies Gesetz erschütterte die Machtposition des Senats. Auch das Gesetz über die Provinz Asia (Lex de provincia Asiae) − das ehemalige pergamenische Königreich − begünstigte die römischen Ritter, indem es das System der Steuerpacht auf diese Provinz übertrug und bestimmte, daß die Steuerpacht in der Stadt Rom von den Rittern ersteigert werden konnte, um damit die in der Provinz Asia einheimischen Reichen von der Auktion fernzuhalten. Das Gesetz kam den Rittern sehr entgegen, hatte aber schwerwiegende Folgen für die Provinzbevölkerung, die unter dem erpresserischen Druck der römischen Steuereintreiber aus dem Ritterstand erheblich zu leiden hatte. Gegen den Amtsmißbrauch *dieser* Kollegen unternahmen natürlich die neu zusammengesetzten Geschworenengerichte nichts.

Ein Militärgesetz (Lex militaris) bestimmte, daß kein römischer Bürger mehr unter 17 Jahren zum Kriegsdienst ausgehoben werden dürfe, und setzte weiter fest, daß der Staat den Soldaten die Bekleidung lieferte, ohne daß ihr Preis vom Sold abgezogen werden durfte. Auch dies Gesetz kam hauptsächlich der ländlichen Plebs zugute.

Ein Gesetz über die jährliche Vergabe der Provinzen an die Konsuln (Lex de provinciis consularibus) schränkte die Verfügungsgewalt des Senats über die Provinzen ein, indem es verlangte, daß der Senat jährlich schon vor den Konsulwahlen bestimmen sollte, welche Provinz von den künftigen Konsuln verwaltet werden sollte. Damit wurde der Begünstigung bestimmter Personen entgegengetreten.

Ein Gesetz beschäftigte sich mit der Entwicklung der italischen Landwirtschaft, mit der Verbesserung des Straßen- und Brückenbaus und mit der Anlage neuer Getreidespeicher (Lex de viis muniendis).

Ein Koloniegesetz (Lex de coloniis deducendis) nahm sich der Ansiedlung mitteloser römischer Bürger an verschiedenen Orten Italiens an. In Scolacium in Bruttium, in Tarent und in Forum Sempronii in Umbrien wurden solche

Siedlungen angelegt. Außerdem sollte auf dem Boden des im Jahre 146 v. u. Z. von Rom zerstörten Karthago eine Kolonie errichtet werden, die dann auch im Jahre 122 v. u. Z. gegründet wurde.

Nicht nur mit dieser Gesetzgebung, sondern mit seiner gesamten politischen Tätigkeit erschütterte Gaius Gracchus die Stellung des Senats und plante den Sturz der Senatsherrschaft. Er war schon der Ansicht, daß er die Aristokratie vernichtet und die Demokratie errichtet habe.[73] Doch kam diese Freude zu früh.

Fieberhaft suchte der Senat nach Mitteln und Möglichkeiten, um die Aktionen des Gaius aufzuhalten und sein Vertrauen in der Volksversammlung zu erschüttern. Die Massenbasis, die Gaius für die Durchführung seiner Pläne benötigte, mußte zersplittert werden. Da zu erwarten war, daß Gaius − ähnlich wie sein Bruder − einen Volkstribunen, der gegen die Gesetzesanträge Veto einlegen würde, auch von der Volksversammlung absetzen lassen würde, probierte der Senat diese Möglichkeit erst gar nicht. Da fand sich unter den Volkstribunen des Jahres 122 v. u. Z. ein gewisser Marcus Livius Drusus d. Ä., der sich als willfähriges Werkzeug des Senats hergab. Mit demagogischen Mitteln machte er sich bei den römischen Plebejern beliebt, indem er in ihrem Interesse weitgehende Gesetzesanträge stellte, ohne die Realisierbarkeit solcher Vorhaben zu beachten. Beantragte z. B. Gaius die Gründung von zwei Kolonien in Italien, so wollte Livius Drusus deren zwölf errichten. Gemäß den geheimen Instruktionen des Senats »sollte er keine Gewalt gebrauchen oder dem niederen Volk die Stirne bieten, sondern ganz nach dessen Wunsch und Laune sein Amt führen und alles freundlichst bewilligen, selbst Dinge, worüber man sich auch mit allen Ehren dem Hasse aussetzen konnte. So gab also Livius für die genannten Zwecke dem Senat sein Tribunat hin und beantragte seine Gesetze, die sich weder mit dem rechten Anstand, noch mit dem wahren Nutzen vertrugen. Vielmehr wollte er nur eins: den Gaius an Wohlgefallen und Gunst der Massen zu überbieten. Dies suchte er in aller Eile und wie um die Wette zu tun; es war eine Komödie.«[74]

Besonders als Gaius im Frühjahr 122 v. u. Z. 70 Tage im Gebiet Karthagos weilte, um die mit der Gründung der

Kolonie verbundenen Angelegenheiten selbst zu regeln, verstärkte Livius Drusus seine agitatorische Tätigkeit gegen Gaius und untergrub seine Stellung. Mit praktisch undurchführbaren Vorschlägen verdrängte er Gaius aus der Gunst der plebejischen Schichten, die die Taktik des Drusus nicht durchschauten.

Nach seiner Rückkehr aus Nordafrika verstärkte Gaius seine Bemühungen, für die Latiner und die anderen italischen Bundesgenossen Roms das römische Bürgerrecht zu erlangen. Er hatte dies Vorhaben schon zu Beginn seines ersten Tribunatsjahres angekündigt, von einem förmlichen Gesetzesantrag bisher aber abgesehen, da er damit selbst unter seinen Anhängern auf Unverständnis stieß. Jetzt sah er darin die letzte Möglichkeit, seine politische Stellung mit Hilfe der Italiker zu halten.

Der letzte, entscheidende Kampf bahnte sich an. Der Konsul Gaius Fannius, bis dahin ein Freund des Gracchus, fiel von ihm ab und verwies auf Beschluß des Senats vor der Volksversammlung alle Nichtbürger aus der Stadt Rom. Die Ritter unterstützten ihn nicht mehr, und auch die Plebs schwankte. Bedeutete doch auch in ihren Augen das römische Bürgerrecht ein Privileg gegenüber den Italikern, das sie nicht aufgeben wollten. Die Vergabe des Bürgerrechts an die Italiker würde bedeuten, daß diese alle Vergünstigungen, die das Bürgerrecht besaß, etwa die Teilnahme an den Aufteilungen des Staatslandes oder die Abgabe verbilligten Getreides in Rom, für die Plebs entwertet werden würden.

Durch das Betreiben des Senats und der anderen Volkstribunen im Amte wurden daher die diesbezüglichen Gesetzesanträge des Gaius Gracchus abgelehnt. Auch ein anderer Antrag, der eine grundlegende demokratische Umgestaltung der Zenturiatkomitien (der nicht nach Tribus, sondern nach fünf Vermögensklassen gegliederten Volksversammlung) vorsah, verfiel der Ablehnung. Sein Ansehen schwand weiter, so daß er für das Jahr 121 v. u. Z. nicht wieder zum Volkstribunen gewählt wurde.

Der Senat frohlockte, denn nun war es nur noch das Amt der Bodenaufteilungskommission, der Dreimännerbehörde, das Gaius vor gerichtlichen Verfolgungen schützte.

Konsuln des Jahres 121 v. u. Z. wurden zwei erbitterte Feinde des Gracchus: Lucius Opimius, der ein Jahr vorher in der Wahlversammlung für das Konsulat infolge der Gegenagitation des Gracchus durchgefallen war, und Quintus Fabius Maximus, ein Verwandter der mit den Gracchen verfeindeten Scipionenfamilie. Fabius Maximus war zwar nicht in Rom, da er in Gallien Krieg führte, doch der sehr energische und rücksichtslose Opimius nutzte jede Möglichkeit aus, der Reformgruppe politischen Schaden zuzufügen.

Geschickt griff Opimius die Abneigung unter vielen Plebejern auf, sich als Kolonisten außerhalb Italiens anzusiedeln. Deshalb führte er den Hauptschlag gegen Gaius dadurch, daß er die Rechtmäßigkeit der ein Jahr vorher gegründeten Kolonie Junonia an der Stelle des zerstörten Karthago in Frage stellte. Scipio Aemilianus hatte 146 v. u. Z. nach der Zerstörung der Stadt das Gebiet feierlich verflucht, es sollte für immer lediglich als Schafweide dienen. Die Senatsaristokratie, die den staatlichen religiösen Kult als Mittel zur Sicherung und Festigung ihrer politischen Herrschaft nutzte, führte noch andere Vorfälle als angebliche Zeichen göttlichen Mißfallens über die Gründung dieser Kolonie ins Feld; z. B. Wölfe hätten die Grenzsteine der Kolonie ausgewühlt und verschleppt, auch dies wurde als ungünstiges Vorzeichen (Prodigium) erklärt.

Der Senat bestellte ein Gutachten bei den Auguren, das waren Priester, die göttliche Vorzeichen zu deuten hatten, und setzte den Termin einer Volksversammlung fest, in der das Gesetz über diese Kolonie aufgehoben werden sollte. Der nächste Schritt wäre dann die Absetzung des Gaius Gracchus aus dem Amt der Bodenaufteilungskommission gewesen.

In mehreren Versammlungen zur Vorbereitung der Volksversammlung bekämpfte Gaius Gracchus verbissen das Vorhaben, seinen Plan der Koloniegründung in Karthago zunichte zu machen. Jedoch der Volkstribun Minucius Rufus hatte schon einen entsprechenden Antrag formuliert, den Gründungsbeschluß über diese Kolonie aufzuheben.

Der Tag der von beiden Seiten vorbereiteten Volksversammlung war gekommen, und die politische Stimmung erreichte ihren Siedepunkt. Die Versammlung fand wieder auf dem Capitol statt, der von den Anhängern beider Parteiungen in der Frühe besetzt worden war. Noch hatte erst das Vorgeplänkel in der Versammlung begonnen, der Freund des Gaius, Fulvius, sprach gegen den Antrag des Rufus, da beleidigte ein Amtsdiener des Konsuls, Quintus Antyllius, die Anhänger des Gracchus und wurde von ihnen dafür auf der Stelle umgebracht. In höchster Erregung löste sich die Volksversammlung auf.

Der Konsul Opimius triumphierte, denn jetzt hatte er den Anlaß, mit Gewalt gegen Gracchus und seine Anhänger vorgehen zu können. Gaius, der dies voraussah, war über diesen Vorfall äußerst aufgebracht und suchte sich zu entschuldigen, aber keiner hörte auf ihn.

Opimius berief für den nächsten Morgen eine Senatssitzung ein, rief die Senatoren zu den Waffen, befahl auch den Rittern, mit je zwei bewaffneten Sklaven sich auf dem Forum einzufinden, und ließ das Capitol von einer bewaffneten Einheit besetzen. Gaius und Fulvius wurden aufgefordert, ebenfalls zur Senatssitzung zu erscheinen, die für sie zum Tribunal werden sollte. Beide lehnten dies ab.

In der Senatssitzung erließ der Senat auf Antrag des Konsuls den »äußersten Senatsbeschluß«, der ihm freie Hand zur blutigen Unterdrückung der Gracchenbewegung gab. Dieser lautete: Die Konsuln sollen dafür Sorge tragen, daß der Staat keinen Schaden erleidet! (Videant consules ne quid detrimenti res publica capiat.)

Die Anhänger des Gracchus hatten am Morgen dieses Tages den aventinischen Hügel in Rom besetzt und sich im Tempel der Göttin Diana verschanzt. Sie riefen die städtischen Sklaven Roms zum Kampf um ihre Freiheit auf, doch diese standen ihren Herren näher als den Reformern und blieben fern.

Opimius verkündete allen mit Ausnahme des Gaius und des Fulvius Flaccus Straflosigkeit, wenn sie sich umgehend ergeben würden, und begann danach den Angriff gegen den Aventin. Die bewaffneten Senatoren, Ritter, Sklaven und Anhänger des Senats wurden durch eine Abteilung kretischer Bogenschützen verstärkt. Nach kurzem Gefecht, in dem besonders der Pfeilhagel der Bogenschützen den Verteidigern schwere Verluste zufügte, begannen die Anhänger des Gracchus zu fliehen. Fulvius wurde auf der Flucht eingeholt und getötet, Gaius gelang es, vom Aventin zu entkommen. Über eine alte hölzerne Tiberbrücke, den Pons Sublicius, gelangte er mit einem getreuen Sklaven auf die rechte Seite des Tiber und verbarg sich im heiligen Hain der Göttin Furrina. Aber die Verfolger waren ihm auf den Fersen. Ehe sie ihn jedoch erreichten, ließ sich Gaius von seinem Sklaven töten, um nicht seinen Feinden lebendig in die Hände zu fallen. Darauf tötete sich auch der Sklave. Wie bei der blutigen Niederwerfung der Bewegung des Tiberius Gracchus wurden auch diesmal alle Leichen in den Tiber geworfen. In den Kämpfen und in den anschließenden Metzeleien kamen insgesamt 3000 Anhänger des Gaius Gracchus um.

Die Rachsucht des Senats kannte keine Grenzen. Zu Beginn des Kampfes hatte Opimius versprochen, demjenigen, der ihm den Kopf des Gaius bringen würde, diesen mit Gold aufzuwiegen, und so geschah es auch. Nach dem Sieg ließ Opimius auf dem Forum in Rom einen Tempel der Eintracht (!) errichten.

Opimius wurde aber bald in der Plebs ähnlich verhaßt wie Scipio Nasica. Der Geschichtsschreiber Plutarch berichtet: Opimius »wurde in Schanden alt und war verhaßt, ja aufs tiefste verachtet im Volk, das zwar unmittelbar nach jenen Ereignissen demütig und kleinlaut wurde, aber bald nachher deutlich werden ließ, welchen Grad von Verlangen und Sehnsucht es nach seinen Gracchen empfand. Man ließ Statuen von ihnen anfertigen und an öffentlichen Plätzen aufstellen, die Stätte ihrer Ermordung sprach man heilig. Man brachte ihnen die Erstlinge aller Jahresfrüchte, viele opferten ihnen auch täglich und erwiesen ihnen kniefällig göttliche Ehren. Wie zu Göttertempeln wallfahrtete man zu ihnen.«[75]

Die historische Bedeutung der Gracchenbewegung bestand darin, daß sie aus der Erkenntnis der sozialen Krise ihrer Zeit sich bemühte, nach griechischen Vorbildern den Prozeß der Demokratisierung der römischen Sklavereigesellschaft in die Wege zu leiten. Die Gracchen übernahmen die Führung der Klasse der freien Kleinproduzenten im Kampf gegen die Großgrundbesitzer und gegen ihr spezielles Machtorgan, den Senat. In der rund vierhundertjährigen Herrschaft der Aristokratie suchten die Gracchen nach einem neuen Weg der sozialen und politischen Entwicklung — natürlich im Rahmen der bestehenden gesellschaftlichen Ordnung.

Es schmälert nicht ihr historisches Verdienst, daß sie scheiterten. Die Herrschaft des Senats war nicht in zehn Jahren zu stürzen, dazu bedurfte es rund hundert Jahre, und nicht nur die Gracchen, sondern auch ein Marius und ein Cäsar kamen darüber zu Fall. Doch waren die Gracchen die ersten, die der Senatsherrschaft schwere Schläge versetzten, und deshalb leitet man mit ihnen auch zu Recht den beginnenden Niedergang der römischen aristokratischen Republik ein. Denn im Zusammenhang mit den großen Sklavenaufständen beschleunigten auch die Kämpfe der Klasse freier Kleinproduzenten seit den Gracchen objektiv den Niedergang der Republik.

Gewiß war manches utopisch und inkonsequent an den Maßnahmen der Gracchen. Die Wiederherstellung des kleinen Grundeigentums zur vorherrschenden Eigentumsform war eine Illusion. Die Reorganisation des Heeres konnte dauerhaft erst durch die Heeresreform des Gaius Marius (107 v. u. Z.) vorgenommen werden. Der Versuch, im Kampf gegen den Senat dadurch eine breite und stabile soziale Basis zusammenzuführen, indem man allen Forderungen der mit der Senatsherrschaft Unzufriedenen entgegenkam, mißlang. Die Interessen der ländlichen und der städtischen Plebejer konnten nur zeitweilig in Übereinstimmung gebracht werden. Vor allem erfüllte sich nicht die Hoffnung der Gracchen, die Ritter auf ihre Seite zu ziehen. Die Ritter gehörten ökonomisch der herrschenden Klasse an, und wenn sie auch von der politischen Mitherrschaft ausgeschlossen waren, so kämpften sie eher darum, diese vom Senat zu erhalten, als ihn zu entmachten. Auch erwies sich in der Zukunft das Amt des Konsuls oder eines Diktators für erfolgversprechender, um Reformpläne gegen den Widerstand des Senats durchzusetzen.

Etwa 80 000 römische landlose Bürger hatten durch die

gracchischen Reformen Land erhalten. Aber die sozialen Ursachen, die seit dem Ende des 3. Jahrhunderts v. u. Z. zum Anwachsen des Großgrundbesitzes und zum Rückgang der kleinen Bauernwirtschaften geführt hatten, waren durch die Reformen nicht beseitigt worden. Die ökonomische Tendenz zur Stärkung und weiterer Entwicklung der mittelgroßen städtischen Villenwirtschaften, der viele Parzellenbauern zum Opfer fielen, ließ sich durch die Reformen nicht aufhalten. Etwa zwanzig Jahre nach dem Untergang des Gaius Gracchus hatten die kleinen Bauern Roms wieder mit denselben wirtschaftlichen Schwierigkeiten zu kämpfen wie vorher.

Schrittweise baute der Senat die Errungenschaften der Reformen wieder ab. Zwar wagte man nicht, die Gesetze selbst abzuschaffen, doch nahm man Veränderungen und Zusätze an den Gesetzen vor, die Wichtiges in Frage stellten. Bis zum Jahre 119 v. u. Z. ließ man noch die Dreimännerbehörde bestehen, dann wurde sie abgeschafft. Um das Jahr 118 v. u. Z. wurde die Kolonie Junonia an der Stelle des ehemaligen Karthago aufgegeben, obwohl einige Siedler dort verblieben. Ein wesentlicher Rückschritt gegenüber den gracchischen Reformplänen bestand darin, die Unveräußerlichkeit der neu geschaffenen Bauernstellen aufzuheben. Damit hatten die Villen- und die Latifundienbesitzer wieder die Möglichkeit, sich das Land ruinierter Kleinbauern anzueignen. Weitere Landzuweisungen vom Staatsland wurden verboten. Ein Agrargesetz vom Jahre 111 v. u. Z. erklärte das in Besitz genommene römische Staatsland grundsätzlich zum Privateigentum.

Die Bewegung des Saturninus und Glaucia

In den letzten Jahren des zweiten Jahrhunderts v. u. Z. spitzte sich die innenpolitische Situation in Rom wieder zu. Die antisenatorischen Kräfte gewannen an Bedeutung und fanden in dem Volkstribunen Lucius Appuleius Saturninus und in dem Prätor Gaius Servilius Glaucia ihre führenden Repräsentanten. Sie verbündeten sich mit dem Konsul Gaius Marius, der zwar ein bedeutender Heerführer war, aber in seiner politischen Haltung zwischen dem Senat und den Reformgruppen schwankte. Zeitweilig gelang es ihnen, auch die Ritter für sich zu gewinnen, obwohl sie auch diesmal letzten Endes wie zur Zeit des Gaius Gracchus in den entscheidenden Auseinandersetzungen auf der Seite des Senats standen.

Saturninus war, wie die Gracchen, ein Vertreter der Nobilität, der sich an die Spitze einer demokratischen Volksbewegung stellte, während Glaucia wahrscheinlich als *homo novus,* als »Neuling«, in den Senat aufgenommen wurde. Saturninus bekleidete im Jahre 104 v. u. Z. das Amt eines Quästors, und in den Jahren 103 und 100 v. u. Z. war er Volkstribun. Glaucia hatte im Jahre 100 v. u. Z. das Amt des Prätors inne. Der im Heer durch seine Erfolge sehr populär gewordene Gaius Marius stand in den Jahren von 104 bis 100 v. u. Z. als Konsul an der Spitze des römischen Staates.

Die Situation hatte sich im Vergleich zur Gracchenzeit insofern geändert, als nunmehr auch die demokratische Gruppierung nach dem Vorbild des senatorischen Terrors bei der Niederschlagung der Gracchenbewegung zu Mitteln der Gewalt griffen, um ihre Ziele durchzusetzen. Außerdem ging es in den jetzt erlassenen neuen Ackergesetzen nicht mehr darum, die landlosen römischen Bauern schlechthin mit Grund und Boden auszustatten, sondern die Veteranen des Konsuls Marius mit Land zu versorgen. Veteranen nannte man die ausgedienten römischen Söldner der Legionen, nachdem ihre Dienstzeit abgelaufen war.

Glaucia hatte bereits vor seiner Zusammenarbeit mit Saturninus durch ein Gesetz, das die Ritter gegenüber den Senatoren begünstigte, die Ritter zeitweilig für die Reformgruppe eingenommen. Seit dem ersten Tribunat des Saturninus verstärkten sich dann die Angriffe der demokratischen Kräfte gegen den Senat.

In verschiedenen Gesetzesanträgen und Gesetzen hat sich Saturninus darum bemüht, die Ideen der Gracchen wieder aufzugreifen und die demokratische Bewegung zu erneuern. Ein Agrargesetz des Jahres 103 v. u. Z. bestimmte, daß jeder der Veteranen des Marius in Nordafrika 25 Hektar Land erhalten sollte. Ein Getreidegesetz stellte den mittellosen städtischen Plebejern Brotgetreide zu einem außerordentlich niedrigen Preis zur Verfügung, so daß sie es nahezu kostenlos erhielten. Der Senat leistete gegen dieses Gesetz besonders heftigen Widerstand. Der Quästor Quintus Caepio, der im Auftrag des Senats gegen das Gesetz sprach, wurde von Saturninus auf Grund eines von ihm eingebrachten und von der Volksversammlung angenommenen Gesetzes über die Verletzung der Würde des römischen Volkes verurteilt.

Wie sehr die Gracchen in dieser Zeit im Ansehen der römischen Plebs standen, zeigt die Begebenheit, daß Saturninus einen seiner Anhänger dazu veranlaßte, sich als Sohn des Tiberius Gracchus auszugeben, und diesen im Jahre 100 v. u. Z. von der Volksversammlung auch als Volkstribunen wählen ließ.

In den Auseinandersetzungen zu den Wahlen für das Volkstribunat im Jahre 100 v. u. Z. brachten die Anhänger des Saturninus und Glaucia einen von der Nobilität gestützten Mitbewerber für das Amt des Volkstribunen um.

In diesem Jahre erließ die Volksversammlung ein noch weitergehendes Gesetz zur Versorgung der Veteranen des Marius mit Land. Das ehemals vom germanischen Stamm der Kimbern in Gallien in Besitz genommene Land, das nach der Vernichtung der Kimbern durch Marius römisches Staatsland geworden war, sollte unter den Veteranen aufgeteilt werden, und außerdem sah das Gesetz die Gründung von Kolonien in Sizilien, Griechenland und in Makedonien vor. Auch eine Anzahl italischer Bundesgenossen Roms sollten bei der Landvergabe mit berücksichtigt werden. Damit waren aber die Ritter und die städtischen Plebejer nicht einverstanden. Appian gibt eine lebendige Schilderung von den gewalttätigen Handlungen, die beide Seiten verübten, bis das Gesetz doch angenommen wurde: »In den in der Volksversammlung entstandenen Unruhen wurden alle Volkstribunen, die gegen das Gesetz Einspruch erheben wollten, von Appuleius mißhandelt und von der Rednertribüne herabgestoßen. Der städtische Haufe aber schrie, es habe während der Versammlung gedonnert, wonach bei den Römern nichts mehr beschlossen werden darf – (nach einer anderen Quelle hat Saturninus spöttisch geantwortet: ›Wenn ihr nicht Ruhe gebt, dann wird es auch hageln!‹[76]) –, da aber die Partei des Appuleius nichtsdestoweniger das Gesetz mit Gewalt durchsetzen wollte, so schürzten die Städter ihre Oberkleider auf, ergriffen die ersten besten Stöcke und trieben das Landvolk auseinander, das, von Appuleius wieder zusammengerufen, nun ebenfalls mit Stöcken gegen die Städter heranzog, sie überwältigte und das Gesetz durchsetzte.«[77]

Dies zeigt, wie sehr die Auffassungen der städtischen und der ländlichen Plebs auseinander gingen und wie schwierig es für die Reformgruppe war, einheitliche Aktionen gegen den Senat in die Wege zu leiten, sobald in den Gesetzesanträgen die italischen Bundesgenossen Roms mit berücksichtigt werden sollten. Dabei erwiesen sich die römischen und italischen Veteranen des Marius als die konsequentesten Stützen im Kampf gegen den Senat.

Mit diesem Gesetz war ein Zusatzantrag verbunden, der den zu erwartenden künftigen Widerstand des Senats gegen die Durchführung des Gesetzes brechen sollte. Er besagte, daß jeder Senator spätestens fünf Tage nach der Annahme des Gesetzes durch die Volksversammlung einen Eid auf das Gesetz leisten sollte, daß er sich in keinem Falle dem Gesetz widersetzen würde. Bei der Verweigerung der Eidesleistung sollte der betreffende sein Vermögen verlieren und mit Verbannung bestraft werden.

Mit Ausnahme des heftigsten Gegners der demokratischen Kräfte, des Quintus Caecilius Metellus Numidicus, beschworen alle Senatoren das Gesetz. Metellus mußte Italien verlassen.

Marius, der Konsul, wollte es weder mit dem Senat, dem er sich innerlich zugehörig fühlte, noch mit den Plebejern, die die Masse seines Heeres gestellt hatten, verderben. In einer der Eidesleistung vorausgegangenen Senatssitzung hatte er seinen Plan dargelegt, »daß er den Eifer des Volks für das Gesetz fürchte, daß er aber folgenden Kunstgriff und eine List wisse. Man solle nämlich schwören, dem Gesetze, insofern es ein Gesetz sei, Folge leisten zu wollen, und auf diese Art das Landvolk, das auf der Lauer liege, zu zerstreuen, danach aber ohne Schwierigkeit darlegen, daß das kein Gesetz sei, das mit Gewalt und ... gegen die Sitte der Vorfahren bestätigt worden sei.«[78]

Zu den Wahlen der Ämter für das Jahr 99 v. u. Z., die im Sommer des Jahres 100 v. u. Z. stattfanden, verschärfte sich der politische Kampf weiter. Saturninus wurde wieder zum Volkstribunen gewählt, doch bei den Wahlversammlungen zum Konsulat kam es zu blutigen Unruhen. Der Prätor Glaucia hatte sich für das Konsulat des folgenden Jahres beworben, doch ein Gegner der Volksbewegung, Gaius Memmius, hatte die größeren Aussichten. Er wurde von den Anhängern des Saturninus und Glaucia während der Wahlversammlung auf dem Marsfeld in Rom erschlagen.

Damit hatte der Senat wieder den Anlaß gefunden, wie früher gegen die Führer der Volksbewegung gewaltsam vorzugehen. Am darauffolgenden Tag, es war der 10. Dezember, der Tag des Amtsantritts der neuen Volkstribunen, versammelte sich der Senat und beschloß wieder den »Staatsnotstand«. Der Konsul Marius sah sich in der unangenehmen Situation, nun auch öffentlich Farbe zu bekennen, da er vom Senat als noch amtierender Konsul mit der Durchführung des »äußersten Senatsbeschlusses« beauftragt worden war. Die Nobilität und die Ritterschaft bewaffneten sich, und Marius verteilte unter der städtischen Plebs Waffen. Im Straßenkampf wurden Saturninus, Glaucia und ihre Anhänger geschlagen, die Anführer flohen auf das Capitol und verbarrikadierten sich im Jupitertempel. Um die Belagerung zu beschleunigen, unterbanden die Anhänger des Senats die Wasserzuführung zum Tempel. Saturninus und seine Freunde ergaben sich in der Hoffnung, daß sie Marius, der ihnen viel verdankt hatte, schonen würde. In der Tat suchte sie Marius vor spontanen Übergriffen der Senatsanhänger zu schützen, indem er Saturninus, Glaucia und ihre engsten Anhänger in das römische Rathaus, die Curia am Rande des Forums, festsetzen ließ. Offensichtlich suchte er Zeit zu gewinnen und gab an, daß ein Gerichtsverfahren über sie entscheiden solle. Aber die Anhänger des Senats stürmten das Dach der Curia, deckten die Ziegel ab und töteten die Gefangenen mit Steinwürfen. Unter ihnen befand sich neben Appuleius Saturninus und Glaucia auch der Quästor Gaius Saufeius, und das alles geschah, obwohl sie »noch mit den Ehrenzeichen ihres Amtes bekleidet waren«.[79]

Auch das Ansehen des Marius litt entscheidend durch die Niederschlagung der Volksbewegung und durch seine schwankende Haltung, mit der er sich endgültig »zwischen zwei Stühle« gesetzt hatte. Senat und Plebs waren mit ihm in gleicher Weise unzufrieden, so daß er seine Kandidatur für das Amt des Zensoren aufgab, da er einen Mißerfolg in der Wahlversammlung befürchtete. Keiner traute ihm mehr. Es trifft zu, wenn ihn der römische Geschichtsschreiber Titus Livius als einen Menschen charakterisierte, der immer unterschiedlichen und veränderlichen Sinnes war, der nur für seinen persönlichen Erfolg bestrebt war.[80]

Wie früher wütete der Senat gegen die demokratischen Kräfte. Parteigänger des Saturninus und Glaucia, die zunächst fliehen konnten, wurden in den Straßen und Häusern Roms verfolgt und erschlagen. »In diesem Aufstande kam auch eine große Menge anderen Volks und jener andere Volkstribun um, der für einen Sohn des Gracchus gehalten wurde und an jenem Tag zuerst das Volkstribunat angetreten hatte, da weder Freiheit, noch vom Volk überlieferte Verfassung, noch Gesetze, noch Ansehen, noch ein Amt mehr schützte, an dem selbst das heilige und unverletzliche, zur Verhinderung der Vergehen und zum Schutze der Plebs errichtete Volkstribunat solche Gewalttätigkeiten beging und erlitt.«[81]

Marius wich den folgenden Auseinandersetzungen im Senat und in der Volksversammlung dadurch aus, indem er eine längere Reise nach Kleinasien durchführte. Der Wortführer der antidemokratischen Kräfte, Metellus, kehrte aus dem Exil zurück, und im Jahre 99 v. u. Z. wurden auch die Gesetze des Saturninus wieder aufgehoben.

Zusammenfassung und Ausblick

Eine gewaltige Woge des Klassenkampfes hatte die römische Gesellschaft in der Zeit zwischen den dreißiger Jahren des 2. Jahrhunderts und den siebziger Jahren des 1. Jahrhunderts v. u. Z. erfaßt. Italien, Sizilien und Kleinasien standen im Mittelpunkt dieser sozialen Auseinandersetzungen. Viermal erhoben sich mehrere Zehntausende Sklaven gegen ihre Herren und gegen den römischen Staat, um im bewaffneten Aufstand ihrer elenden Lage zu entrinnen. Dreimal nahmen die ärmsten Schichten unter den römischen Bürgern in Italien einen Anlauf, um das Agrarproblem in ihrem Sinne zu lösen und in diesem Zusammenhang den römischen Staatsapparat – bislang ein Bollwerk der Aristokratie – im Rahmen der auf Sklaverei beruhenden Verhältnisse demokratisch umzugestalten.

Die aufständischen Sklaven vollbrachten bedeutende Heldentaten. Sie fügten den sieggewohnten römischen Armeen mehrere schwere Niederlagen bei und zwangen die herrschende Klasse Roms zur Aufbietung aller verfügbaren Kräfte, um die bestehende soziale Ordnung zu erhalten. Auch die Kämpfe der Klasse der freien Kleinproduzenten schwächten die Aristokratie und schufen eine historische Situation, in der es ihr nicht mehr möglich war, ihre politische Herrschaft mit den bis dahin üblichen Mitteln und Methoden aufrechtzuerhalten. Die Klassenkämpfe vertieften die soziale Polarisierung der römischen Gesellschaft in einem bisher nicht gekannten Ausmaß.

Im Ergebnis dieser Kämpfe beschleunigte sich die geschichtliche Entwicklung der römischen Gesellschaft. Soziale Prozesse, die schon spätestens seit dem Anfang des 2. Jahrhunderts v. u. Z. einsetzten, wurden intensiviert und einer vollen Entfaltung zugeführt. Die Grundlagen der antiken Militärdiktatur bildeten sich heraus. Es begann der Niedergang der römischen Republik, des römischen Stadtstaats. Die aufständischen Sklaven und die kämpfenden römischen Plebejer wurden damit − obwohl alle ihre Bewegungen niedergeschlagen und in einem Meer von Blut erstickt wurden − zu Vollstreckern der gesetzmäßigen Entwicklung, die die auf Sklaverei beruhende Gesellschaftsordnung Roms zu ihrer höchsten Entfaltung führte, zugleich aber auch ihre Grenzen und Widersprüche offenbarte. Damit trugen sie auch zur Entwicklung sozialer und ökonomischer Voraussetzungen bei, auf deren Grundlage später diese Gesellschaftsordnung überwunden werden konnte.

Die Ursachen für die Unterdrückung dieser Volks- und Massenbewegungen liegen letztlich in den noch nicht voll ausgereiften sozialen Verhältnissen der römischen Sklavereigesellschaft. Dieser Ursache können alle einzelnen Erscheinungen, die zum Untergang der einzelnen Bewegungen führten, untergeordnet werden. Die auf Sklaverei beruhende Gesellschaftsordnung hatte damals in Rom ihren Zenit noch nicht überschritten. Wo die Sklaven vorübergehend siegreich waren, kehrten sie die bestehenden Verhältnisse um; sie waren aber nicht so stark, um der Übermacht Roms für längere Zeit Widerstand leisten zu können. In ihren Aufständen planten die römischen Plebejer zwar den Staat und die Gesellschaft demokratisch zu erneuern, aber sie beabsichtigten niemals, die bestehende soziale Ordnung durch eine andere zu ersetzen.

Eine Klassengesellschaft geht erst unter, wenn alle Möglichkeiten ihrer weiteren Entwicklung ausgeschöpft sind. Diese Zeit war aber in Rom an der Wende des 2. Jahrhunderts zum 1. Jahrhundert v. u. Z. noch nicht herangereift. Noch entwickelten sich Produktivkräfte auf der Grundlage der bestehenden sozialen Ordnung, und noch besaß auch die herrschende Klasse Möglichkeiten, selbst ihr entgegen wirkende Kräfte in Staat und Gesellschaft zu integrieren. Erst als am Ende des 2. Jahrhunderts u. Z. die allgemeine Krise der Sklavereigesellschaft heranreifte, konnte sie nach jahrhundertelangen Kämpfen überwunden werden.

Spartacus gab mit dem von ihm geleiteten großen Aufstand ein Zeichen, das bis in eine weite geschichtliche Ferne wirkte. Es wurde in unserem Jahrhundert von den besten und kühnsten Kämpfern für die Sache des Volkes, für den Aufbau einer klassenlosen Gesellschaft aufgenommen und an uns Heutige weitergegeben. So wirkt das Vermächtnis des Spartacus bis in die sozialistische Gegenwart unserer Tage.

Goldenes Zeitalter Griechische mythische Vorstellung, zuerst belegt bei Hesiod (um 700 v. u. Z.), von einem ursprünglichen glücklichen Zeitalter der Menschheit ohne Kriege, ohne Not und Armut, ohne Krankheit und Mühsal, ohne Sklaverei, in dem die Gleichheit der Menschen noch bewahrt blieb.

Konsul Titel der beiden ranghöchsten Beamten der römischen Republik, die von der Volksversammlung für ein Jahr gewählt wurden.

Legat
– Gesandter des römischen Senats,
– seit Beginn der Kaiserzeit Kommandeur einer Legion,
– Titel des Provinzstatthalters kaiserlicher Provinzen,
– in der Gegenwart Titel eines päpstlichen Gesandten.

Liktoren Römische Amtsdiener der höheren Magistrate. In der Öffentlichkeit gingen sie mit einem Rutenbündel, in dem ein Beil stak; in der Stadt Rom mußte das Beil herausgenommen werden.

Magistrat Bezeichnung für die verschiedenen Staatsämter in der römischen Republik.

Nobilität Bezeichnung für den Amtsadel der römischen Republik, der aus patrizischen und plebejischen Familien bestand.

Plebs, Plebejer Im ältesten Rom die Bezeichnung für die gesamte nichtadlige Bürgerschaft. In der späten Republik wird damit die Masse der verarmten römischen Bürger benannt.

Prätor Wahrscheinlich ursprünglich nach der Abschaffung des Königtums der Titel der beiden obersten Beamten der römischen Republik; seit 367 v. u. Z. Beamte, die sich mit der Gerichtsbarkeit beschäftigen. Auch für die Statthalterposten der ersten römischen Provinzen wurden Prätoren benannt.

Prätorianer Kaiserliche Leibwache, die aus neun Prätorianerko-
horten bestand.

Prätur Bezeichnung für das Amt der Prätoren.

Prokonsul Titel des ehemaligen Konsuls, der in der Zeit der
Republik die Statthalterschaft einer Provinz übernahm.

Proprätor Titel des ehemaligen Prätors.

Proskription Achterklärung (Ächtung) römischer Bürger durch
öffentlichen Aushang. Mit der P. war die Konfiskation des
Vermögens verbunden. Die Proskribierten wurden für vogelfrei
erklärt, und jeder konnte sie töten.

Publicani Pächter römischer Staatseinkünfte, besonders Steuerpächter. Die P. zahlten im voraus eine bestimmte Summe als
Steuerpacht an die Staatskasse und erhielten dafür das Recht,
in einer benannten Provinz die Steuern einzutreiben.

Quästor Bezeichnung der römischen Finanzbeamten.

Senat In der Königszeit der Ältestenrat in Rom; in der Republik
formell ein beratendes Gremium ehemaliger Magistrate auf
Lebenszeit, in dessen Händen sich faktisch die Leitung des
Staates konzentrierte. In der Kaiserzeit verlor der Senat allmählich seine politische Bedeutung.

Tribus Ortsstämme, lokale Bezirke.

Zensor Hohe und angesehene Beamte der römischen Republik
und der frühen Kaiserzeit; sie wurden aus den Reihen der
ehemaligen Konsuln alle fünf Jahre für anderthalb Jahre gewählt, um die vermögensmäßige Schätzung der römischen
Bürger vorzunehmen. Sie stellten auch die Senatslisten auf und
sollten über die altrömische Sittenstrenge wachen.

Zenturio Militärischer Anführer einer Zenturie, d. h. der untersten
Einheit des römischen Fußvolkes im Heer.

Für weitere und ergänzende Hinweise siehe Lexikon der Antike,
Leipzig 1977.

Register

Anmerkungen

1 Wirklicher Vertreter.
2 Marx/Engels: Werke, Bd. 30, S. 160.
3 W. I. Lenin: Rede auf einer Kundgebung im Polytechnischen Museum in Moskau. In: Werke, Bd. 28, S. 66.
4 W. I. Lenin: Die proletarische Revolution und der Renegat Kautsky. In: Ebenda, S. 233.
5 W. I. Lenin: Über den Staat. In: Werke, Bd. 29, S. 472.
6 A. W. Mischulin: Spartacus, Berlin 1952, S. 105.
7 Dies vermutet K. Ziegler: Hermes. Zeitschrift für klassische Philologie, 83. Bd., Wiesbaden 1955, S. 248 ff.
8 Plutarch: Lebensbeschreibung des Crassus, Kap. 8.
9 Siehe Petronius: Satyrikon, Kap. 45.
10 Siehe Seneca: Briefe an Lucilius, 1, 7, 3.
11 Siehe Appian: Bürgerkriege, 1, 116.
12 Plutarch: Lebensbeschreibung des Crassus, Kap. 9.
13 Ebenda.
14 Ebenda.
15 Ebenda.
16 Appian: Bürgerkriege, 1, 116.
17 Themistius: 7. Rede, 86b, c, 87a (Dindorf).
18 Plutarch: Lebensbeschreibung des Crassus, Kap. 10.
19 Ebenda.
20 Appian: Bürgerkriege, 1, 118.
21 Ebenda, 1, 117.
22 Siehe H. Nissen: Italische Landeskunde, Bd. 2, Berlin 1902, S. 946.

23 Appian: Bürgerkriege, 1, 118.
24 Plutarch: Lebensbeschreibung des Crassus, Kap. 11.
25 Ebenda.
26 Siehe Frontinus: Kriegslisten, 2, 5, 34.
27 Plutarch: Lebensbeschreibung des Crassus, Kap. 11.
28 Ebenda.
29 Appian: Bürgerkriege, 1, 120.
30 Siehe Titus Livius: Geschichte seit der Gründung Roms, Zu-
   sammenfassung des 97. Buches.
31 Florus, 2, 8, 14.
32 A. W. Mischulin: Spartacus, S. 83 f.
33 Sueton: Lebensbeschreibung des Octavian (Augustus), 3, 7.
34 N. A. Maschkin: Römische Geschichte, Berlin 1953, S. 311.
35 P. Oliva: Die charakteristischen Züge der großen Sklavenaufstände zur Zeit der römischen Republik. In: Neue Beiträge zur
   Geschichte der alten Welt, Bd. II, Berlin 1965, S. 82 f.
36 Siehe J. Herrmann: Spuren des Prometheus, Leipzig—Jena—Berlin (1975), S. 180.
37 Diodor: Historische Bibliothek, Fragmente des Buches 34/35.
38 E. M. Štaerman: Die Blütezeit der Sklavenwirtschaft in der römischen Republik, Wiesbaden 1969, S. 272.
39 Tacitus: Annalen, 4, 27, 1.
40 Ebenda, 15, 46, 1.
41 Siehe J.-P. Brisson: Spartacus, (Paris) 1959, S. 9.
42 Appian: Bürgerkriege, 1, 7.
43 Sallust: Jugurthinischer Krieg, 41, 7 f.
44 Die Angaben nach J.-P. Brisson: Spartacus, S. 25 f.
45 Plutarch: Lebensbeschreibung des Tiberius Gracchus, Kap. 9.
46 Siehe E. M. Štaerman: Die Blütezeit der Sklavenwirtschaft in
   der römischen Republik, S. 44.
47 Siehe ebenda, S. 45.
48 Ebenda, S. 171.
49 Siehe Varro: Über die Landwirtschaft, 1, 17, 1.
50 Juvenal: Satiren, 6, 219—223. In: Römische Satiren, Berlin—Weimar 1970, S. 392.
51 Siehe Orosius: Geschichtswerk gegen die Heiden, 4, 7, 12.
52 Siehe Titus Livius: Geschichte seit der Gründung Roms, 22,
   33, 1—2.
53 Siehe ebenda, 32, 26, 4—18.
54 Siehe ebenda, 33, 36, 1—3.
55 Siehe ebenda, 39, 29, 8—9; 41, 6—7.
56 Diodor: Historische Bibliothek, 34/35, 2, 1 ff.
57 Ebenda, 34/35, 2, 34—37.
58 Ebenda, 34/35, 2, 48.
59 Ebenda, 34/35, 2, 25—26.
60 Strabon: Geographie, 14, 1, 38.

61 Siehe Diodor: Historische Bibliothek, 36, 2, 1 ff.
62 Über den Aufstandsverlauf siehe ebenda, 36, 3, 1–10, 3.
63 Appian: Bürgerkriege, 1, 11.
64 Plutarch: Lebensbeschreibung des Tiberius Gracchus, Kap. 8.
65 Diodor: Historische Bibliothek, 34/35, 6, 1.
66 N. A. Maschkin: Römische Geschichte, S. 256.
67 Appian: Bürgerkriege, 1, 12.
68 Ebenda.
69 Plutarch: Lebensbeschreibung des Tiberius Gracchus, Kap. 15.
70 Appian: Bürgerkriege, 1, 17.
71 Plutarch: Lebensbeschreibung des Tiberius Gracchus, Kap. 20.
72 Plutarch: Lebensbeschreibung des Gaius Gracchus, Kap. 3.
73 Siehe Diodor: Historische Bibliothek, 34/35, 25, 1; so auch
   Plutarch: Lebensbeschreibung des Gaius Gracchus, Kap. 5.
74 Ebenda, Kap. 8 und 9.
75 Ebenda, Kap. 18.
76 Über berühmte Persönlichkeiten (de viris illustribus), Kap. 73.
77 Appian: Bürgerkriege, 1, 30.
78 Ebenda.
79 Ebenda, 1, 32.
80 Siehe Titus Livius: Geschichte seit der Gründung Roms, Zu-
   sammenfassung des 69. Buches.
81 Appian: Bürgerkriege, 1, 33.

Zeittafel

146	Zerstörung Karthagos, Ende des 3. Punischen Krieges (149–146), Einrichtung der Provinz Africa. Zerstörung Korinths, Griechenland dem römischen Provinzstatthalter von Makedonien unterstellt.
138–133	Numantinischer Krieg.
136–132	1. Sklavenaufstand in Sizilien unter der Führung des Eunus.
136–135	Mehrere Prätoren werden in Sizilien von den Aufständischen besiegt.
134	Konsul Scipio Aemilianus beginnt mit der Belagerung von Numantia. Feldzug des Konsuls Fulvius in Sizilien ohne Erfolg.
133	Im Hochsommer kapituliert Numantia. Tod Attalos' III. von Pergamon, er überträgt testamentarisch sein Reich dem römischen Staat. Ergebnisloser Feldzug des Konsuls Calpurnius Piso in Sizilien. Im Frühjahr Agrargesetz des Tiberius Sempronius Gracchus.

	Im Herbst Ermordung des Tiberius Sempronius Gracchus.
133–129	Aufstand des Aristonikos in Pergamon.
132	Konsul Publius Rupilius unterdrückt den Sklavenaufstand in Sizilien.
	Ausdehnung des Aristonikosaufstandes in Kleinasien.
	Rückkehr und Triumph des Scipio Aemilianus über seinen Sieg in Spanien.
131	Gaius Sempronius Gracchus leitet die Arbeiten der Agrarkommission.
130	Prokonsul Publius Licinius Crassus wird von den Aufständischen in Kleinasien geschlagen.
	Erfolge des Konsuls Marcus Perperna im Kampf gegen Aristonikos.
129	Tod des Scipio Aemilianus in Rom.
	Unterdrückung des Aufstandes des Aristonikos durch Konsul Manlius Aquilius.
126	Quästur des Gaius Sempronius Gracchus in Sardinien.
125	Konsul Fulvius Flaccus plant die Übertragung des römischen Bürgerrechts an die italischen Bundesgenossen Roms.
	Erhebung der italischen Städte Fregellae und Asculum gegen Rom.
123	1. Volkstribunat des Gaius Sempronius Gracchus, Erneuerung des Agrargesetzes.
122	2. Volkstribunat des Gaius Sempronius Gracchus.
121	Im Sommer Ermordung des Gaius Sempronius Gracchus.
	Einrichtung der Provinz Gallia Ulterior (Narbonensis).
um 118	Aufgabe der Kolonie Junonia an der Stätte des ehemaligen Karthago in Nordafrika.
113–101	Kriege gegen die Stämme der Kimbern, Teutonen und Ambronen.
113	Römische Niederlage gegen die Kimbern bei Noreia an der Nordostgrenze Italiens.
111–105	Krieg Roms in Numidien (Nordafrika), sog. Jugurthinischer Krieg.
111	Ackergesetz: aller Besitz am Staatsland zum Privateigentum erklärt.
109	Römische Niederlage gegen die Kimbern in Gallien.
107	1. Konsulat des Gaius Marius, Durchführung einer Heeresreform.
105	Schwere römische Niederlage gegen Kimbern und Teutonen bei Arausio in Gallien.

104–101	2. Sklavenaufstand in Sizilien unter der Führung des Salvius.
104	2. Konsulat des Gaius Marius
103	3. Konsulat des Gaius Marius, 1. Volkstribunat des Lucius Appuleius Saturninus. Ausdehnung des Sklavenaufstandes in Sizilien.
102	Tod des Salvius (Tryphon), Übernahme der Führung des Aufstandes durch Athenion. 4. Konsulat des Gaius Marius, er vernichtet die Teutonen und Ambronen in der Schlacht bei Aquae Sextiae in Gallien.
101	5. Konsulat des Gaius Marius, er vernichtet die Kimbern in der Schlacht bei Vercellae in Norditalien.
100	6. Konsulat des Gaius Marius, 2. Volkstriumvirat des Lucius Appuleius Saturninus, Prätur des Gaius Servilius Glaucia. Ermordung des Saturninus und Glaucia am 10. Dezember. Unterdrückung des Sklavenaufstandes in Sizilien durch Konsul Manlius Aquillius.
95	Gesetz gegen die Aufnahme italischer Bundesgenossen in das römische Bürgerrecht.
91	Volkstribunat des Marcus Livius Drusus d. J., er sucht die Gegensätze zwischen Senatsadel und Ritterschaft auszugleichen, er schlägt wieder vor, den italischen Bundesgenossen das römische Bürgerrecht zu gewähren, wird deshalb im Herbst ermordet.
91–88	Krieg der italischen Bundesgenossen gegen Rom. Rom muß einlenken und verleiht in zwei 90 und 89 erlassenen Gesetzen den Bundesgenossen Italiens südlich des Po das Bürgerrecht.
89–85	1. Krieg Roms gegen Mithradates, König von Pontus in Kleinasien.
88	Im Kampf gegen die Anhänger des Marius besetzt Lucius Cornelius Sulla (136–78), der Anführer der Senatsaristokratie, mit Truppen Rom. Danach verläßt er Italien, um gegen Mithradates Krieg zu führen.
87–83	Herrschaft der Popularen (Marianer) in Rom.
86	Tod des Marius.
83–82	Bürgerkriege in Italien und Rom nach der Rückkehr des Sulla.
83–82	2. Krieg Roms gegen Mithradates.
82	Sulla besiegt das Heer der Popularen in der Schlacht am Collinischen Tor (1. November) und erobert die Stadt Rom.
82–79	Diktatur Sullas.

80–72	Widerstand der Anhänger des Marius gegen die Herrschaft Sullas in Spanien unter der Führung des Quintus Sertorius.
78–77	Erhebung des Konsuls Marcus Aemilius Lepidus in Rom zur Aufhebung der sullanischen Gesetze, neue Bürgerkriege.
77–72	Krieg des Pompeius gegen Sertorius in Spanien.
74–67	3. Krieg Roms gegen Mithradates.
73–71	Sklavenaufstand unter der Führung des Spartacus in Italien.
73	Flucht von etwa 78 Sklaven aus der Gladiatorenschule von Capua auf den Vesuv im Spätsommer, mehrere römische Heeresabteilungen werden von den Aufständischen besiegt.
72	Spartacus schlägt in offener Feldschlacht mehrere konsularische Heere. Marcus Licinius Crassus erhält den Oberbefehl im Kampf gegen Spartacus.
71	Durchbruch des Spartacusheeres in Bruttium, Sieg der Römer in der Entscheidungsschlacht in Lukanien, Spartacus im Kampf gefallen. 6000 Sklaven an der Via Appia gekreuzigt.
70–61	Kampf gegen versprengte Reste des Spartacusheeres in Unteritalien.
70	Konsulat des Pompeius und Crassus.

Verzeichnis der Bildzitate

Jean-Paul Brisson: Spartacus, (Paris 1975). (1)

Deutsche Fotothek Dresden. (7)

Die Römer an Rhein und Donau, Berlin 1975. (1)

Dietz Verlag Berlin, Bildarchiv. (1)

Hans Eschebach: Pompeji. Erlebte antike Welt, Leipzig 1978. (1)

Ludwig Friedlaender: Sittengeschichte Roms, Wien (1934). (11)

Oskar Jäger: Geschichte der Römer, Gütersloh 1913. (3)

Harald Keller: Michelangelo. Plastik, Architektur, Königstein im Taunus (1966). (1)

Kulturgeschichte der Antike. Griechenland, Berlin 1976. (3)

A. W. Mischulin: Spartacus. Abriß der Geschichte des großen Sklavenaufstandes, Berlin 1952. (6)

Numismatic Chronicle and Journal of the Numismatic Society, Bd. 20, London 1920. (1)

Klaus Parlasca: Die römischen Mosaiken in Deutschland. In: Römisch-Germanische Forschungen, Bd. 23, Berlin (West) 1959. (8)

Spamers Illustrierte Weltgeschichte, Bd. 2, Leipzig 1896. (4)
Staatliche Museen zu Berlin, Münzkabinett. (2)
Chester G. Starr: The ancient Romans, New York, London, Toronto 1971. (1)
J. C. Stobart: The Grandeurs that was Rome, London 1961. (2)
Weltgeschichte bis zur Herausbildung des Feudalismus. Ein Abriß, Berlin 1977. (1)

Literaturhinweise

J.-P. Brisson: Spartacus, Paris 1959.

J. Burian: Das Bild des Spartacus-Aufstandes in der sowjetischen Geschichtsschreibung. In: Acta universitatis Carolinae, philos. et historica, Graeco-Latina Pragensia I, 1960, S. 3–25.

H.-J. Diesner: Kriege des Altertums, Berlin 1974.

J. Hermann: Spuren des Prometheus, Leipzig–Berlin–Jena 1975.

K. P. Korževa: Vosstanie Spartaka v sovetskoj istoriografii (Der Aufstand des Spartacus in der sowjetischen Historiographie). In: Voprosy istorii (Moskau), 1974, Heft 10, S. 118–134.

S. Lauffer: Spartacus. In: Die Großen der Weltgeschichte, Bd. I, Zürich 1971, S. 846–857.

E. Maróti: Sklavenbewegungen zur Zeit des zweiten Triumvirats. In: Antičnoe občsestvo (Sammelband), Moskau 1967, S. 109–118.

– Bewußtheit und ideologische Faktoren in den Sklavenbewegungen. In: Acta Antiqua (Budapest), Bd. 15, 1967, S. 319–326.

– Der Sklavenmarkt auf Delos und die Piraterie. In: Helikon (Rom), Bd. IX–X, 1969/1970, S. 24–42.

– De suppliciis. Zur Frage der sizilischen Zusammenhänge des Spartacus-Aufstandes. In: Acta Antiqua, Bd. 9, 1961, S. 41–70.

Masaoki Doi: Why did Spartacus stay in Italia?, Tokyo 1978.

N. A. Maschkin: Römische Geschichte, Berlin 1953.

– Zwischen Republik und Kaiserreich, Leipzig 1954.

A. W. Mischulin: Spartacus. Abriß der Geschichte des großen Sklavenaufstandes, Berlin 1952.

F. Münzer: Artikel »Spartacus«. In: Realencyklopädie der classischen Altertumswissenschaft, Bd. III A, 1929, Spalte 1528 bis 1536; Supplementbd. 5, 1931, Spalte 993.

P. Oliva / V. Olivová: Spartacus, Prag 1960.

P. Oliva: Die Bedeutung der antiken Sklaverei. In: Acta Antiqua, Bd. 8, 1960, S. 309–319.

– Die charakteristischen Züge der großen Sklavenaufstände zur Zeit der römischen Republik. In: Neue Beiträge zur Geschichte der Alten Welt, Bd. II, Berlin 1965, S. 75–88.

M. Ollivier: Spartacus. Der große Sklavenaufstand (mit einem Vorwort von H. Barbusse), Berlin (1948).

J. A. Rasin: Geschichte der Kriegskunst, Bd. I, Berlin 1958.

G. Schrot: Artikel »Spartacus«. In: Lexikon der Antike, Leipzig 1975, Spalte 521–522.

E. M. Štaerman: Die Blütezeit der Sklavenwirtschaft in der römischen Republik, Wiesbaden 1969.

S. L. Uttschenko: Der weltanschaulich-politische Kampf in Rom am Vorabend des Sturzes der Republik, Berlin 1956.
   – Krizis i padenie rimskoj respubliki (Krise und Untergang der römischen Republik), Moskau 1965.
   – Cicero, Berlin 1978.

J. Vogt: Sklaverei und Humanität. Studien zur antiken Sklaverei und ihrer Erforschung, Historia (Wiesbaden) – Einzelschriften, Heft 8, 1972.

Quellenhinweise (deutsche Übersetzungen)

Die deutschen Übersetzungen der antiken Quellen, die sich auf das Thema der Darstellung beziehen, sind größtenteils sehr veraltet.

Appians Römische Geschichte, übersetzt und mit Anmerkungen versehen von G. Zeiß, 2 Bände, Leipzig 1837–1838.

Diodors von Sizilien Historische Bibliothek, übersetzt von J. F. Wurm, 19 Bändchen, Stuttgart 1827–1840.

Plutarch, Große Griechen und Römer, deutsch von K. Ziegler, 6 Bände, Zürich – Stuttgart 1954–1965 (Bibliothek der Alten Welt).

Inhalt

Der Verfasser, Prof. Dr. sc. phil. Rigobert Günther, wurde am 18. Mai 1928 in Magdeburg geboren. Er legte im Sommer 1949 die Reifeprüfung an der Vorstudienanstalt der Martin-Luther-Universität Halle ab, dem Vorläufer der Arbeiter-und-Bauern-Fakultät, und studierte an der gleichen Universität von 1949 bis 1953 die Fächer Geschichte, Vor- und Frühgeschichte und Latein. Während des Studiums eignete sich R. G. spezielle Kenntnisse der römischen Geschichte an; dabei begriff er die Spezialisierung nicht zu eng und vertrat die Auffassung, daß eine breitere Profilierung einer künftigen Tätigkeit an der Universität nur zugute kommen würde. In diesem Sinne beschäftigte er sich in seiner Diplomarbeit mit einem Thema aus der Geschichte der frühen Kaiserzeit, untersuchte 1957 in seiner Dissertation Probleme der Entstehung des römischen Staates und befaßte sich in seiner 1962 vorgelegten Habilitationsschrift mit der Erforschung politisch-ideologischer Entwicklungen in den letzten zwei Jahrhunderten der Republik. Seit mehr als einem Jahrzehnt widmet er sich vor allem Fragen der Geschichte der Spätantike. Als Mitglied von Autorenkollektiven und Mitherausgeber verschiedener Publikationen und Verfasser zahlreicher Aufsätze in in- und ausländischen wissenschaftlichen Zeitschriften interessierten ihn besonders theoretische und methodologische Probleme, zuletzt Fragen der Präzisierung des marxistisch-leninistischen

Revolutionsbegriffs in seiner Anwendung auf die Epoche der sozialen Revolution beim Übergang von der antiken Sklavereigesellschaft zum Feudalismus.

Mitglied des Autorenkollektivs der »Weltgeschichte bis zur Herausbildung des Feudalismus«, Berlin 1977; Mitherausgeber von »Die Römer an Rhein und Donau«, Berlin 1975.

Schriftenreihe Geschichte
des Dietz Verlages Berlin

Joachim Herrmann: **Die Menschwerdung.** Zum Ursprung des Menschen und der menschlichen Gesellschaft, 1984, 256 Seiten, 2. Aufl. 1985

Rigobert Günther: **Vom Untergang Westroms zum Reich der Merowinger.** Zur Entstehung des Feudalismus in Europa, 1984, 164 Seiten, 2. Aufl. 1985

Günter Vogler: **Die Gewalt soll gegeben werden dem gemeinen Volk.** Der deutsche Bauernkrieg 1525, 1983, 270 Seiten, 3. Aufl.

Helmut Bock: **Die Illusion der Freiheit.** Deutsche Klassenkämpfe zur Zeit der französischen Julirevolution 1830 bis 1831, 1980, 256 Seiten

Louis Blanc/Louis Auguste Blanqui/Ludwig Börne/Jewgeni Tarlé: **Die Lyoner Arbeiteraufstände 1831 und 1834.** Hrsg. und eingel. von Kurt Holzapfel, 1984, 199 Seiten

Helmut Neef: **Vier Tage rote Fahnen in den Straßen von Paris.** Die Kämpfe des Pariser Proletariats 1848 im Spiegel deutschsprachiger Presse, 1983, 211 Seiten

Robert-Jean Longuet: **Karl Marx — mein Urgroßvater,** 1979, 208 Seiten, 2. Aufl. 1982

Hans Jürgen Friederici: **Ferdinand Lassalle.** Eine politische Biographie, 1985, 239 Seiten

Jutta Seidel: **Wilhelm Bracke.** Vom Lassalleaner zum Marxisten, 1986, 213 Seiten

Arnold Reisberg: **Von der I. zur II. Internationale.** Die Durchsetzung des Marxismus im Kampf um die Wiederherstellung der Arbeiterinternationale, 1980, 238 Seiten

Marga Beyer/Gerhard Winkler: **Revolutionäre Arbeitereinheit.** Eisenach — Gotha — Erfurt, 1981, 153 Seiten, 4. Aufl. 1985

Gustav Seeber/Heinz Wolter: **Mit Eisen und Blut.** Die preußisch-deutsche Reichsgründung von 1870/71, 1981, 245 Seiten, 2. Aufl. 1983

Michail Maschkin: **Die Pariser Kommune 1871.** Chronik einer Revolution, 1982, 246 Seiten

Heinrich Gemkow: **Vom Highgate-Friedhof zum Marx-Engels-Platz.** Marx-Engels-Jubiläen im Spiegel eines Jahrhunderts, 1983, 302 Seiten

Dieter Fricke: »... und ausgelacht obendrein!« Heiteres und Ernstes aus dem Kampf der deutschen Arbeiterklasse gegen das Sozialistengesetz 1878–1890, 1978, 200 Seiten

Dieter Fricke: **Kleine Geschichte des Ersten Mai.** Die Maifeier in der deutschen und internationalen Arbeiterbewegung, 1980, 296 Seiten

Arbeiterleben um 1900, 1983, 185 Seiten, 2. Aufl. 1985

Ruth Kirsch: **Käte Duncker.** Aus ihrem Leben, 1982, 217 Seiten

Horst Drechsler: **Aufstände in Südwestafrika.** Der Kampf der Herero und Nama 1904 bis 1907 gegen die deutsche Kolonialherrschaft, 1984, 177 Seiten

Willibald Gutsche: **Sarajevo 1914.** Vom Attentat zum Weltkrieg, 1984, 196 Seiten

Heinz Abraham: **Weltenwende 1917.** Der Kampf der Bolschewiki um die Gewinnung der Massen vor und während der Großen Sozialistischen Oktoberrevolution, 1982, 232 Seiten, 2. Aufl.

Heinz Abraham: **Sowjetrußland 1917–1918.** Die Errichtung und Festigung des ersten sozialistischen Staates der Welt, 1980, 252 Seiten

Günter Rosenfeld/Horst Schützler: **Kurze Geschichte der Sowjetunion** 1917–1983, 1985, 368 Seiten

Ernst Laboor: **Sowjetunion und sozialistische Gemeinschaft im Kampf um Abrüstung in Europa 1917–1985,** 1986, 318 Seiten

Wolfgang Ruge: **Novemberrevolution.** Die Volkserhebung gegen den deutschen Imperialismus und Militarismus 1918/19, 1978, 192 Seiten, 2. Aufl. 1983

Die Mongolische Volksrepublik. Historischer Wandel in Zentralasien, 1982, 290 Seiten

Heinz Voßke: **Geschichte der Gedenkstätte der Sozialisten in Berlin-Friedrichsfelde,** 1982, 174 Seiten

Erwin Könnemann/Hans-Joachim Krusch: **März 1920.** Arbeiterklasse vereitelt Kapp-Putsch, 1981, 248 Seiten

Horst Schumacher: **Die Kommunistische Internationale (1919–1943).** Grundzüge ihres Kampfes für Frieden, Demokratie, nationale Befreiung und Sozialismus, 1979, 224 Seiten

Elfriede Fölster/Maria Weiterer: **Siegfried Rädel.** Aus seinem Leben, 1980, 177 Seiten

Robert Neddermeyer: **Es begann in Hamburg ...** Ein deutscher Kommunist erzählt aus seinem Leben, 1980, 192 Seiten

Rosemarie Schumann: **Amsterdam 1932.** Der Weltkongreß gegen den imperialistischen Krieg, 1985, 237 Seiten

Die illegale Tagung des Zentralkomitees der KPD am 7. Februar 1933 in Ziegenhals bei Berlin, 1981, 124 Seiten, 4. Aufl. 1984

Heinz Kühnrich: **Der KZ-Staat.** Die faschistischen Konzentrationslager 1933 bis 1945, 1980, 232 Seiten, 4. Aufl. 1983

Heinz Kühnrich: **Die KPD im Kampf gegen die faschistische Diktatur 1933 bis 1945,** 1983, 339 Seiten

Margot Pikarski/Günter Uebel: **Die KPD lebt!** Flugblätter aus dem antifaschistischen Widerstandskampf der KPD 1933–1945, 1980, 296 Seiten

Winfried R. Garscha/Hans Hautmann: **Februar 1934 in Österreich,** 1984, 211 Seiten

Klaus Drobisch: **Widerstand in Buchenwald,** 1985, 219 Seiten, 2. Aufl.

Charlotte Müller: **Die Klempnerkolonne in Ravensbrück.** Erinnerungen des Häftlings Nr. 10787, 1981, 244 Seiten, 4. Aufl. 1985

Helga Meyer/Karlheinz Pech: **Unter Einsatz des Lebens!** Antifaschistischer Widerstand in den letzten Monaten des zweiten Weltkrieges, 1985, 272 Seiten

Heinz Abraham: **1941–1945. Großer Vaterländischer Krieg der Sowjetunion.** Erlebnisse, Tatsachen, historische Lehren, 1985, 250 Seiten

Wilhelm Eildermann: **Die Antifaschule.** Erinnerungen an eine Frontschule der Roten Armee, 1985, 193 Seiten

Henryk Tycner: **Die Freiheit kam im Januar '45.** Tatsachen und Erinnerungen an die Tage der faschistischen Okkupation in Poznań und an die Kämpfe zur Befreiung meiner Heimatstadt, 1985, 179 Seiten

Walter Weidauer: **Inferno Dresden.** Über Lügen und Legenden um die Aktion »Donnerschlag«, 1983, 247 Seiten, 5. Aufl.

Stefan Doernberg: **Befreiung 1945.** Ein Augenzeugenbericht, 1985, 216 Seiten, 2. Aufl.

Peter Przybylski: **Zwischen Galgen und Amnestie.** Kriegsverbrecherprozesse im Spiegel von Nürnberg, 1979, 207 Seiten, 4. Aufl. 1983

Dokumente zur Geschichte der SED. Band 1: 1847 bis 1945, 1981, 412 Seiten, 2. Aufl. 1983

Dokumente zur Geschichte der SED. Band 2: 1945 bis 1971, 1986, 340 Seiten

Ein erfülltes Programm. Zum 40. Jahrestag des Aufrufs des Zentralkomitees der KPD vom 11. Juni 1945, 1985, 211 Seiten

Allen Kindern das gleiche Recht auf Bildung. Dokumente und Materialien zur demokratischen Schulreform, 1981, 314 Seiten

Zur Sozialpolitik in der antifaschistisch-demokratischen Umwälzung 1945 bis 1949. Dokumente und Materialien, 1984, 342 Seiten

Fritz Zimmermann: **Otto Buchwitz.** Ein Lebensbild, 1984, 227 Seiten

Lya Rothe/Erich Woitinas: **Hermann Matern.** Aus seinem Leben und Wirken, 1981, 198 Seiten

Ulla Plener: **SPD 1945–1949.** Konzeption, Praxis, Ergebnisse, 1981, 321 Seiten

Sibylle Schröder: **Der Februar 1948 in der Tschechoslowakei,** 1982, 144 Seiten

Helmut Neef: **Entscheidende Tage im Oktober 1949.** Die Gründung der Deutschen Demokratischen Republik, 1979, 183 Seiten, 2. Aufl. 1984

Heinz Heitzer: **DDR.** Geschichtlicher Überblick, 1979, 302 Seiten, 2. Aufl. 1984

Die Nationale Front der DDR. Geschichtlicher Überblick, 1984, 252 Seiten

Klaus Schlehufer: **Bernhard Grünert – ein Pionier der sozialistischen Landwirtschaft der DDR,** 1983, 272 Seiten

Eberhard Heinrich/Klaus Ullrich: **Befehdet seit dem ersten Tag.** Über drei Jahrzehnte Attentate gegen die DDR, 1981, 265 Seiten, 4. Aufl. 1986

Siegfried Thomas: **Zwischen Wehrmacht und Bundeswehr.** Um die Remilitarisierung der BRD, 1981, 194 Seiten

Zum Wohle des Volkes. Die Verwirklichung des sozialpolitischen Programms der SED 1971–1978. Dokumentation, 1980, 316 Seiten